U0870687

日本的选择

[日] 小原雅博◎著
王广涛 丛琬晶◎译

上海人民出版社

目录

前言

“大英帝国没有永远的盟友，也没有永远的敌人。唯有利益永恒，我们谨当遵守。”

——帕默斯顿，1848 年

今天，有一个把这句话挂在嘴边的总统，此人便是特朗普。在 2017 年总统就职演说中，他提到，“所有国家都有权以自己的利益为先”；在 2018 年联合国大会的讲话中，他再次提到，“美国的所有行动都是为国家利益服务”。这一言论仅仅是道出了国际政治的现实，并没有什么值得大惊小怪的。但重要之处在于，美国总统在其就职演说以及联合国大会的演讲中阐述了这些内容。那么，我的一个疑问是，这是否只是一种暂时性的“特朗普现象”？对此，美国的学者和外交官都给出了悲观的回答。美国的“正常国家化”连同自由主义国际秩序的瓦解已经开始了。

曾几何时，美国凭借其强大的实力在确保自身国家利益的同时，也向其同盟国、友好国提供安全保护，并在此基础上构建了自由开放的国际经济体系以及基于法治原则的国际秩序。美国在很多场合都表明国际社会的利益、世界的利益就是美国的利益，这让世界看到了一个“伟大的美国”。然而进入21世纪以来，伊拉克战争和金融危机使其深受重创，美国已经精疲力竭。身肩重振责任的美国总统奥巴马亦不得不承认，“纠正世界上所有的错误，美国根本无能为力”，美国已经不再是“世界警察”了。接棒的特朗普总统在国家政策上则实现了颠覆性的扭转，从“牺牲美国产业、军队、国境和财富来援助外国”的政策，向“国家利益优先”的政策大幅转变。

中国似有填补美国退出之后的权力真空之嫌，在推行“大国外交”、提倡“核心国家利益”的同时，和俄罗斯一道寄希望于通过权力来改变当前国际秩序的现状。即使在奉“超国家共同体”为圭臬的欧洲，也正在向民族主义、国家利益回归。在这个主权与国家利益至上的时代，自由贸易、法治等构成的自由主义国际秩序正不断发出悲鸣。

2013年，安倍晋三政府制定了日本第一个“国家安全保障战略”。其中规定，日本的国家利益包括“国家及国民的安全”、“国家的繁荣”和“维护以普世价值为基础的国际秩序”。这是战后日本政府首次在国家重要政策文件中对日本的国家利益作出明确规定。在2018年安倍首相的施政演说中，他总结了就任首相后五年来的外交，认为日本“对世界和平与繁荣作出贡献的同时，积极进取地追求了国家利益”。

在全世界对国家利益的呼声日益高涨的今天，我认为很有必要重新讨论“国家利益是什么”这一问题。也是怀揣着这个问题，我提笔写下了这本书。

本书首先回答“何为国家利益”。政治界、舆论界通常不假思索地滥用这一概念，然而对其真正的意义并无人认真探究。因此，梳理“国家利益”的概念，明确其意涵和功能，我认为很有必要。

“国家利益”一词有着漫长的历史渊源。回顾其历史变迁，我们得以逐渐看清当今世界变化和混乱深处潜藏的问题本质，其中心一直是国家的生存与安全。这才是普遍意义上的国家利益，是事关生死存亡的国家利益。与国家的生存和安全相辅相成的是国家的繁荣，这也是最普遍的国家利益之一。

日本的国家利益亦是如此。从中长期来看，美中两国的实力消长与攻防转换时刻左右着日本的安全与繁荣。此外，历史上影响日本安全的朝鲜半岛局势，如今也在地缘政治上深刻影响着日本的安全。关于这些问题，都将在本书得到探讨。

在此基础上，本书将日本视为位于中美之间的“边界国家”，对“日美同盟 + α ”的“ α ”战略亦有论述，我在这里把“ α ”认为是中国。一言以蔽之，如何在协调他国利益以及国际社会共同利益的基础上实现本国的国家利益，日本该如何追求这种意义上的“开放的国家利益”，是笔者纵贯全书思索的一条主线。

序　章

今天，我们为何要思考国家利益？

风雨飘摇的现代国际秩序

2001年9月11日，史无前例的恐怖袭击打击了以“帝国”自诩的超级大国美国的军事和经济心脏。

在此两年前，我还在纽约曼哈顿日本政府常驻联合国代表团工作。对我而言，作为美利坚合众国繁荣象征的摩天大楼已经司空见惯，习以为常。

事发当天，两架喷气式客机相继撞向高高耸立的纽约世界贸易中心大楼，两座建筑在黑烟中顷刻倒塌。看到这段影像之后，给我带来的冲击难以言表，一时语塞。“9·11”事件给世界带来了强烈的震撼，美国沉浸在巨大的悲伤之中，并渐渐被愤怒支配。如同日本对珍珠港的攻击使得不愿参战的美国国民切换为战斗模式一样，“9·11”事件将沉浸在“美国治下和平”（Pax Americana）中的美国人带到了“与恐怖主义战斗”的战场上。危机使人们团结，布什总统的支持率达到了90%，是历史最高水平。就这样，看不见战场、也看不见敌人的非对称“反恐战争”开始了。

日本是美国的同盟国，当时，我在外务省担任经济合作局无偿资金合作课长，为日本能够向美国提供最大限度的支援和协助而四处奔走。

由于美国无与伦比的军事力量，萨达姆政权被打倒。但“布什战争”也渐渐陷入泥沼，在付出了超过越南战争的牺牲和军费消耗之后，中东局势反而更加混乱。

2008年，“雷曼兄弟”破产所引发的世界金融危机更让美国的经济形势雪上加霜。

由于美国自身战略的失败和实力相对衰退，再加上新兴国家试图改变国际秩序现状、破产国家滋生出恐怖主义以及难民危机，美国霸权统治下“自由开放的自由主义国际秩序”已渐渐处于崩溃的边缘。一方面，全球化、信息化和技术创新创造了新的价值和财富；另一方面，机器人和AI（人工智能）带来的经济社会变革、贫富差距扩大、排外主义兴起以及网络攻击等风险和威胁也愈发地明显。此外，气候变化引起的海平面上升、生态系统破坏、传染病都无时无刻不在威胁着国家和人类的生存。

冷战后高涨的乐观论让位于悲观论，在动荡不安的安全与经济形势下，日本面临的国际环境也日益严峻。

面对朝鲜的核试验与导弹试射，日本应如何应对？

在当前中美两国战略竞争的格局下，日本外交应当如何开展？

为了更好地维持以法治为基础的“自由开放的国际秩序”，日本能做些什么？

世界经济停滞不前，日本国内人口减少、老龄化加剧，如何使日本经济重新焕发活力？作为支撑外交的基础，日本该如何维持和增强综合国力？

我们难以解释这个复杂变幻的世界，也难以预测未来。

但也正因如此，我们必须以各种风险和威胁为基础来确定国家利益，并为实现这一目标展开外交。

关于日本国家利益的讨论

有人说，日本没有战略，日本人缺乏战略性的思考。其原因在于“国家目的”，即国家利益的不明确。如果国家利益不明确，战略便会缺乏一贯性，危急时刻就无法采取果断的战略性应对，国家也因此极易处于危险的境地之中。

明治时期开始，近代日本向富国强兵的目标大步迈进，作为亚洲的军事强国崛起。但此后，日本却丢失了国家与国民安全这一最重要的国家利益，依凭着“世界上独一无二的精神力量”（来源于东条英机的施政演说），完全无视国家实力，最终滑入了毫无胜算的战争深渊。350 万生命陨落、伤者不计其数、人们痛失至亲、财产损失巨大。时至今日，侵略和殖民统治的记忆仍深深烙印在亚洲各地。

战败后，在和平宪法的保障下，作为自由民主主义国家重生的日本放弃了“狭隘的国家利益”，努力参与国际协商与合作。致力于使日本回归国际社会和国家复兴的吉田茂首相有言，“日本的利益必须符合世界的共同利益”。国际合作是战后日本成功的主要原因之一，然而在此期间，国家利益仍未被论及。但是随着冷战的终结，日本面临着泡沫经济崩溃后的经济停滞、国力相对下降的危机，战略上也开始随波逐流。与此同时，中国超过日本成为世界第二大经济体，并不断推进其海洋战略。通过亚洲基础设施投资银行（下文简称亚投行，AIIB）和“一带一路”等倡议，其经济影响力持续扩大，甚至可以说是重塑了亚洲秩序。

在国际环境发生结构性变化、日本政治和经济嬗变的今天，关于日本国家利益的讨论也越来越多。

对日本国家利益的论争，存在着两种截然相反的主张。

一种观点认为，国家利益是令人联想起战前强硬的排他性外交危险的概念，应保持警惕。因此，相比于国家利益，更应该重视国际合作。另一种观点则认为，日本经济停滞，加上中国崛起带来的双重不安与封闭感，在此背景下，让步和国际合作属于软弱者的附和，日本应坚定不移地维护国家利益。

但值得注意的是，围绕日本国家利益的争论不应当是在国家利益和国际合作之间二选其一，而应当是通过国际合作来追求本国国家利益的“开放的国家利益”论。

第一，立足国际社会的现实和国家自身力量来确定本国的国家利益、制定相应的战略、开展以实现国家利益为目的的外交，这是国家利益外交的立根之本。

第二，如同意识到自己国家的利益一样，“开放的国家利益”外交也应该考虑到其他国家的利益。理性处理与他国的利益分歧，将其消极影响降到最低，并通过寻找和扩大与其他国家的共同利益（国际利益）实现双赢，这才是有利于维护国家利益的明智的外交。与中国共同推进“战略互惠关系”就是一个很好的例子。中日关系长期以来被靖国神社和钓鱼岛（日本称“尖阁诸岛”）问题所牵制，如此一来，中日间的双边外交则难以展开。因此，我们必须要避免盲从于媒体的商业性报道和泛滥的民族主义情绪，只关注到利益间的对立而一叶障目，从而给国家间的整体关系带来损害。这便是“开放的国家利益”外交的真谛。

第三，国家利益外交也是主动推进“积极国际合作”的外交，目的是为了努力实现从双边或多边的“国际利益”到全世界的整体利益（又称“世界利益”或“地球利益”）。日本一直提倡的“人的安全保障”[1]的理念就是这一政策的具体体现。这便是“开放的国家利益”中“开放性”与“协调性”的要旨所在。

“开放的国家利益”并不是像战前那样，不顾其他国家的正当利益而片面追求本国狭隘利益的“单边主义”，也不是事不关己高高挂起的“一国和平主义”。

因为认识到仍保留浓厚“权力政治”色彩的国际政治的严峻性，所以要实事求是地确定和维护国家利益；同时，身处全球化和相互依存日益加深的国际社会之中，也要积极促进国际利益和世界利益的形成。如此，便是将现实主义与理想主义巧妙结合，实现双轮驱动的外交。

注释

1. 所谓“人的安全保障”是指以国家为中心，并以“人”为核心，为了确保人类的生存、生活和尊严，通过保护和强化能力、促进个体独立性和社会创造力的可持续发展。吸收这样的思维，国家利益外交将兼具开放性和协调性。

第一章

什么是国家利益？

一、国家利益的概念辨析

国家利益概念的重要性与模糊性

国际社会是追求国家利益的主权国家的集合，那么提起国际政治，自然也会引发对国家利益的讨论。实际上，大家对“国家利益”一词耳熟能详，也深知其极端重要性。但如果被追问“国家利益是什么”，大多数人可能并不知该如何回答。

我在东京大学每年的第一堂讨论课上都会向学生们抛出这个问题，也得到了林林总总的回答。

A 同学：这是在外务省招聘宣传册中出现过的话，我觉得可以理解为外交的目标。但也就止步于此，没有再深入的思考过。

B 同学：国家利益，给人的印象是国家利益要优先于国民的利益，所以我对这一表述没有什么好的印象。我觉得，它就是为了使政策正确而使用的表达。

C 同学：这一表述是非常模糊的，因为被认为是“想象的共同体”的国家其概念本身就模糊，更何况全球化也在变化发展，所以它应该是一个不断演变的概念。非要用一句话来概括的话，免于他国的威胁就是国家利益吧。

D 同学：我在美国留学的时候，也被问了同样的问题，当时也不知道该如何回答。现在依我所见，国家利益就是为了维护国家的尊严与繁荣。

E 同学：国家利益就是每一个国民个人利益的集合。

讨论课上的学生大多都以进入外务省、防卫省、财务省等直接与国家利益相关的政府机关为志向。就连这些学生都从来没有认真考虑过或是讨论过国家利益的相关问题，给出的答案也是多种多样，莫衷一是。“国家利益”一词在政治和媒体的世界里满天飞。像如此这样理所当然地被使用，自以为明白了个中含义却并没有被深入讨论过的主题，据笔者所知恐怕也就只有“国家利益”莫属了。

本书写作的目的就是回答“国家利益是什么”这一问题，在此基础上进一步讨论日本的国家利益选择。

国家利益是超越个人、企业和地区利益的“国家和国民的利益”，经常会与个人权利和他国的国家利益发生冲突。比如，个人自由、隐私同国家安全相冲突，还有国家之间的贸易或领土纷争。

如上所述，“国家利益”是非常重要的概念，但正因为它自身的抽象性和模糊性，在使用时必须特别注意。

最应该注意的是，我们要认识到，如果本国有国家利益，那么其他国家也有自己的国家利益，就算是尚不成熟的国际社会也有其“国际公益”。不然，国家利益就将沦为排外的民族主义和单边主义行动的工具。

怀揣这样的问题意识，让我们来回答“什么是国家利益”这个问题吧。

国家为何重要?

如同我们生活的世界被称作“国际（international）社会”一样，主权国家（nation）是其中的主要行为体。全球化时代，跨国企业、非政府组织还有恐怖组织等非国家行为体的作用更加凸显，但起到核心作用的主要行为体仍然是主权国家，这一点并未改变。在可以预见的将来，超越国家政治权力之上的行为体，例如“世界政府”，其诞生的可能性亦微乎其微。

为什么国家可以如此长久且作为至高无上的权力持续存在？其原因便在于，人类为了获得生存与安全，国家的存在是必不可少的。倘若回顾一下16—17世纪欧洲诞生“主权国家”与“国家理性”（国家理由）概念的思想背景，个中缘由便不难理解。在下一章我会对此进行详细的论述。

“国家理由”在21世纪的今天基本也没有发生大的改变。我们每一个人可以成为国家中的一员，享有国家主权下的安全和自由。但一旦离开了自己的国家，这一点便很难实现。我们仅能根据护照和签证（护照中所附带的入境许可签注）中所预先获得许可的目的，在规定期间内在异国滞留。没有日本国的护照以及访问国的签证，我们就不能离开日本，也不得进入他国（对日本免签的国家不在此列）。人类，就是如此被国家束缚的存在。

在国外，有了护照才可以证明自己是日本人，一旦发生紧急情况，还可以请求所在国的保护。日本国护照中在印有外务大臣名字之处记有：“兹请各国有关机构人员，允许持用本国护照之日本国民自由通行、不受阻碍，并予以必要的保护和协助。”如果丢失了（印有签证的）护照，还会有被非法拘留的可能。这就是为何在海外，护照被认为是仅次于生命的无比重要的东西。尽管如此，因为护照遗失、被盗来到大使馆或总领事馆的日本人依旧接连不断。我担任日本国驻上海总领事时，在阅读护照遗失原因中偶然看到，“有一个日本人在准备回国时，将护照连同垃圾一起扔掉了”，着实一惊。

为了自由顺利地返回日本，需要获得日本大使馆或总领事馆颁

日本国护照

发的新护照或者几天内有效的“归国渡航书”。之后再由当地的入境管理局在护照或渡航书上盖章，表示已经入境。只有证明你是日本国民，并证明你是合法地进入了所在国，才能从所在国离开并返回日本。证明国籍的护照或是证明在留许可的签证呈现出国家和个人的关系。个人以国家为前提才能被承认其存在，才能被赋予一定的权利与安全保护。这就是国际社会的现实。

如此，对于我们而言，国家之所以存在，是为了让我们能够依靠国家来确保自身的安全和权利。国家也在回应着这种期待，国家存在的理由因此得以承认。对于近、现代主权国家来说，国家一方面体现为“对内主权”的行使，依靠警察力量确保治安稳定，依据法院裁决保护合法权利；另一方面体现为“对外主权”，通过外交和军事手段确保和平与安全。

国家利益的普遍性与多样性

从国际法角度来讲，国家一般被认为是具备①定居的居民，②确定的领土，③实际支配的政府，④同他国建立关系的能力这四个要素的有法律人格的国际行为体。如果把③和④结合在一起，则可以把国家当作由国民、领土、政府（主权）三个要素组成的国际社会的主体。由这三个要素构成的国家想要在国际社会中存续下去，就必须要始终维持这三个要素的存在，缺一不可。从这一点来看，确保国民安全、领土完整、主权独立是国家生死攸关的国家利益。

这种生死攸关的国家利益是所有国家普遍利益之所在。但另一方面，根据国家所处环境的不同，具体什么才是“生死攸关的国家利益”？例如，国民的安全究竟是什么？其涵义也不尽相同。既然是国家利益，那么有多少国家就有多少种国家利益存在。

当前，世界上约有 200 个国家（联合国成员国共有 193 个）。所有这些国家都拥有各自的国家利益。或一致，或冲突，国家利益之间的关系纷繁复杂。例如，“朝鲜半岛无核化”符合周边国家在内的国际社会的共同利益。正因如此，这句话也被包括在六方会谈共同声明和联合国安理会决议之中。还有与气候变化相关的《巴黎协定》，中国和美国也都加入其中（美国在特朗普任内退出）。一共有 196 个国家参与了该协定，可以说这一协定几乎考虑到了国际社会所有国家的共同利益。然而情况并不一直都是如此，在中国东海和南海，针对海洋权益与主权问题，相关国家之间出现了分歧和争端，这也就意味着国家利益的冲突。

不仅是外交官和政治家，普通国民也有责任了解国际社会的现实，在认识到本国利益的同时，也应当考虑到其他国家的利益。最重要的是，要通过和平手段（对话或协商）妥善管控分歧，不断寻找和放大利益共同点，最终将其制度化（签订国际条约），并为实现这一目标而不懈努力。概而言之，因时应势调整国家利益，是外交的关键。

国家利益的调整

如何应对国家利益间的冲突以及随之而来的纷争？两次世界大战为我们理解这一问题提供了良好的契机。为和平而进行的知识探索与学术讨论不断涌现，并很好地反映在政治上。在这一过程中，重视理性（法律和道义）的自由主义（liberalism，或理想主义 idealism）与重视权力（power）的现实主义（realism），两者逐渐产生了对立。

自由主义旨在通过国际法和国际舆论实现和平，现实主义则认为国家利益和实力是决定国际关系的关键，强调通过势力均衡实现国际秩序的稳定。

从现实主义角度出发，将国际政治理论化、体系化的是美国政治学家汉斯·摩根索（1904—1980 年）。摩根索在其著作《国家间政治》（1948 年初版）中认为，国际政治就是国家追逐“权力政治”（power politics）的竞技场，国家在这其中不断追求“由权力界定的国家利益”。根据这一理解，摩根索试图把国际政治设定为与经济（被认为是“由财富界定利益”的领域）等相区分的独立领域。但是，国家追求的“由权力界定的利益”究竟是什么呢？对于权力和利益二者之间的关系，摩根索并未给出清晰的定义。这一点在之后还会有所触及，在此姑且先指出国家利益与权力之间的关系若即若离。

关于国家利益，摩根索指出，“作为外交政策最低限度的要求，不能不提到国家的生存”，他将免受他国威胁的自我保护（维持领土的、政治的、文化的整体性），定义为永恒的、一般的、“首要的国家利益”。同时，在不同时代政治、文化语境中，例如，由于利益团体或政党等因素介入，随时变化着的国家利益是居于“第二位的国家利益”。在此基础上，把除了事关“国家生存与安全”的“首要的国家利益”之外的利益都视为“额外所得”，通过适当限制本国利益的做法来调整各国间的利益，和平便得以维系（通过外交获得的“协调后的和平”）。

二、国家利益：权力与道义

国家利益、权力与安全的联系

立足于上述讨论，现在我们对“生死攸关的国家利益”、“权力”、“国家和国民的生存与安全”三个要素之间的关系进行梳理。

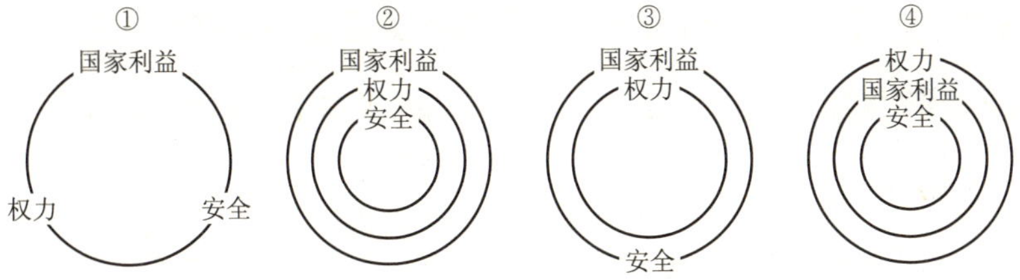

国家利益、权力、安全三要素

确保“国家和国民的生存与安全”是国家的主要目标，为达此目标，追求相应的“权力”应被置于“生死攸关的国家利益”的重要位置。①是将这三个要素置于对等位置的理念型。但国家所处的安全环境迥异，实力相差亦悬殊，因此三个要素的关系也应摆脱理念型，用多种多样的同心圆来表示。

②是“扩张主义”国家的例子，这类国家将“生死攸关的国家利益”超出“国家和国民的生存与安全”之外，无视力量强弱而单纯为了实现前项目标而不断膨胀。从侵华战争一步步走向太平洋战争的日本就是一个很好的例证。

③描述的是面对新兴大国，其周边国家的情况。因为没有确定的力量可以维护国家安全这一事关生死存亡的国家利益，那么周边的其他国家只能在两个方案中择其一，或是接受新兴大国建立的地区霸权（追随），或是与他国结成同盟（例如北约），选择依赖地区性的集体自卫权。美国核保护伞下的日本和韩国以及作为北约成员国的波罗的海三国就是一个例子。日本虽是经济大国，却缺乏与之相称的军事能力，特别是缺乏核武器或洲际弹道导弹（ICBM）等威慑力量。

④是霸权国的情况。19 世纪的英国和 20 世纪的美国，在运用自身权力时，其目的并不仅仅局限于维护本国的生存和安全，而是将同盟国的安全以及国际秩序的维持也视作“生死攸关的国家利益”的一部分。

国际社会中国家的力量是相对的，也是可变的。国家间的力量对比时刻左右着国家的利益。在这里，对国家利益的追逐转化为对权力的渴求。这就是国际政治被称为“权力政治”的原因所在。而如何界定“安全”这一主观目标（背后的危机意识）与运用权力这一手段之间的关系恰恰是把握外交政策的关键。这种关系有时会产生“安全困境”（security dilemma），也会导致军备竞赛。

在讨论国家利益时，有必要避免过度关注国家利益和权力之间的关系。

权力或是道义?

加上之前的讨论，还有一个要素不可以忘记，这便是道义（正义）。

正如现实主义者所主张的那样，仅凭道义并不能实现和平。因此，不能对道义抱过分的期待，但也不能漠视道义来谈论国际政治。有国际政治学之父之称的爱德华·卡尔（1892—1982年），在其开山之作《二十年危机》（1951年）中说道，“如果说忽视力量这一要素是乌托邦主义，那么无视世界秩序中道德要素的现实主义也是不切实际的现实主义。”那么在国际政治中，究竟应将道义置于怎样的位置呢?

第一，权力优越于道义。

正如修昔底德《伯罗奔尼撒战争史》中所描绘的那样（参见第二章），小国秉持正义，抵抗大国的力量。但是，在力量面前，正义只能发出空洞的回响。甲午战争后三国干涉还辽，当时的日本外相陆奥宗光就曾说：“没有武力支撑的外交，无论是依据多么正义的道理，都免不了以失败告终。”（《蹇蹇录》）。

正义（国际法）本应公平地适用于所有国家，无论权力大小，但相比于国际法，大国更倾向于权力政治。即使在履行国际法时，也并不都是依据义务，更多地是取决于是否有利于国家利益。虽说这并不是我们所期望的，但也不能说是背离了国际社会的现实。

1919 年 2 月的巴黎和会，正如威尔逊总统所说：“首先必须要依赖于国际联盟所确立的道德价值，而且应主要依赖于此。”第一次世界大战后的国际秩序不是靠力量（权力），而是要依凭道义（正义）来重建。但是，倡导“国际法原则”和“正义”的国际联盟缺少大国的参与（美国不参加，日本、德国、意大利退出，苏联后来加入最后也退出，到 1939 年常任理事国只剩下英、法两国）。国联没能够有效阻止无视国际法和正义的权力政治的肆虐，直到第二次世界大战爆发，足足将近二十年才谢幕，这是道义对权力的败北。

第二，胜者即正义，大国即规则。

在此试举一例：战后联合国在远东国际军事法庭（东京审判）对日本战犯的审判，因为是溯及既往的事后法而被认为违反了罪刑法定原则，并且其法官由战胜国组成，时常被诟病为是“胜者的裁决”（这并不表明笔者认同这一立场）。但是日本根据《旧金山对日和平条约》（第十一条）接受了该审判，对国与国的关系无权提出任何异议。通过签署该条约，战败国日本才得以重返以联合国为中心的国际社会。

“联合国”的英文名称是“United Nations”，意思就是在第二次世界大战中获胜的国家的联合。时至今日，联合国宪章中还保留着针对日本、德国等第二次世界大战轴心国的“敌国条款”。这也是国际政治的现实。

道义与国家利益的关系

1940年，德国入侵法国后，为了维系国家和国民的生存与安全，法国成立了以贝当元帅为首，隶属于希特勒统治的维希政权。与此相对，戴高乐（战后第十八任法国总统）则流亡英国，在英国建立了自由法国政府，选择为了祖国的自由而奋斗到底。如果说贝当是选择了“肉体的生存”，那么戴高乐则是选择了“精神的生存”；或者说，贝当选择了“安全与和平”，而戴高乐选择了“正义”。有时，道义更重于国家利益。

当国家面临侵略的威胁，是选择代表自由的道义，还是选择谋求生存的国家利益，往往考验着领导人的抉择。

1940年5月，在敦刻尔克，英国军队处于濒临毁灭的危机之中。与希特勒政府求和？抑或是一战到底？充满了意见分歧的丘吉尔内阁正处在瓦解的深渊。面对重大的历史变局，丘吉尔首相鼓舞内阁成员，发表了下述讲话：“英国即将成为战败国……如果英国悠久的历史必将终结，那只有当我们每一个人都倒在血泊之中，战死在最后那一刻。”

在场的内阁成员感慨万千，众议院决定继续战斗。投降换来的和平，无法守护英国自由、独立的价值。这一天的英国政府展现出了一种态度，相比于单纯的求生存，自由之于英国而言更为重要，哪怕对自由的追求伴随着流血和牺牲。

肯尼迪总统向世界展示的道义也应在此之列。1962 年 10 月 22 日，面临古巴导弹危机的肯尼迪，在告知国民有可能爆发核战争的演讲中，最后以这段话收尾。

> “我们的目标不是强权的胜利，而是正义的伸张；不是以牺牲自由为代价的和平，而是在这个西半球的自由与和平。我们希望全世界都能如此。只要上帝愿意，这个目标就会实现。”

维护和平，是以美国为代表的所有国家孜孜以求的国家利益。自由是美国建国以来国民共同秉持的理念，也是照耀世界的灯塔。对美国来说，自由或民主主义的重要性相比和平，有过之而无不及。

像这样，道义经常优先于国家利益，或者作为国家利益本身来推进国家展开行动。美国外交深层中蕴含着威尔逊总统外交所象征的理想主义，即与自由、民主主义一脉相承的价值理念。建国以来，美国一方面倾向于把“良善的美国”从“邪恶的世界”中隔离开来的孤立主义，另一方面又倾向于把美国的进步价值观推向世界的、且与孤立主义表里不一的国际主义。现实主义者对这种美国式理想主义敲响了警钟。乔治·F. 凯南（George F. Kennan）指出，美国犯下的最严重的政策失误，便是一直采取一种法学家的、道德主义的方法。亨利·基辛格（Henry Kissinger）也认为，美国的理想主义必须与对现实的慎重考量相结合。日本把维护基于自由、民主主义等普世价值的国际秩序作为日本的国家利益（2013 年的《国家安全保障战略》）。将道义置于与国家、国民的安全并列的位置，作为一种国家利益而不断追求，是否能够在现实中实现？又是否会成为双重标准，从而导致生存、安全等最根本国家利益的丧失？这些问题都需要进行慎重的讨论。

三、国家利益：国内政治和国际政治

国家利益的“整体性”与“地方性”

像日本这样的民主国家，其国家利益不是专制君主或独裁者个人的利益，而是国民的利益。提到“国民的利益”，它不是指某个个人、企业或地方的利益，而是指“全体国民的利益”。它也不是其他国家的利益或人类的利益，而是本国国民的利益。

决定国家利益的国内政治过程，即使是在民主主义国家也不会完全透明。在决策过程中，族议员和各种利益集团的声音以及行政部门揣摩上意，很可能无法充分反映国民的意愿和利益。如果部分利益集团在政治上发挥巨大的影响力，那么国家利益的整体性就会被扭曲。虽然有“农林族”、“建设族”等议员，但并没有与之相应的“外交族”。选民往往优先考虑自己所属集团的利益（部分的利益），而不是国家利益（全体的利益）。当国家利益不明确且没有成为选举焦点的时候，选民的投票行为更容易受到部门利益所影响。

提出“对苏遏制战略”的乔治·凯南在美国国务院任职时期，将“全体国民的利益”和“作为国内政治不可避免的斗争中的当事人之一所代表的利益”分开，并进一步指出，后者是“决定性的、不正当的、占据优势的”。在此基础上，对于那些宣称为国家利益尽心尽力就需要获得权力和必要妥协的政治家，会有声音反驳道：“你的行为在选举前后都看不出有什么大的差别。莫不是因为熬过了一次选举，就会立刻考虑着下一次选举？如此一来，国内政治不就会使国家整体利益变得不透明了？”（《活在二十世纪》[1]）

在“全体”优先于“个别”的“全体国民的利益”论中，比较棘手的是作为整体的国家利益与其一部分的地方利益存在冲突的情况。如果被问及“为了国家的利益，地方的利益是否应该蒙受损失”，应该如何回答?

例如，冲绳的美军基地问题。对于国家的安全保障来说，美军基地是必要的，但是对于冲绳居民来说，美军基地各种事故、事件、噪声不断，更希望其尽快撤走。这个问题的本质是缺少公平地对冲绳地区应有的利益和负担进行平衡。说得严重一点就是，国民为了享受“国家安全”这项利益，就算是承担了“关怀预算”（日本政府专门拨付给冲绳美军基地相关预算）或者用于振兴冲绳的税金，但是一直以来，日本政府依然将军事基地导致的各种风险和不利强加给冲绳人民。另一方面，必须承认的事实是，从地缘政治战略的角度来讲，唯有冲绳可以担任这一角色。对此，出现了只有民主主义国家才有的国家利益论。即对于美军普天间机场搬迁名护市边野古一事，“国家安全”这一国家利益和“地方安宁”这一“地方利益”是否一致。

“国家利益”与“世界利益”

与此相反，还有如何看待国际社会的利益，而不是国家利益的问题。这与围绕利益展开的、如何把握国家间关系的讨论息息相关。一种观点是，一国利益的增多意味着他国利益的减少，即“零和博弈”的关系。其中蕴含的是非胜即负、弱肉强食的世界观，战胜国向战败国索取领土或赔偿，出口国使进口国产业空心化。虽然需要迫切修正这样的世界观，但还是招致了对战胜国来说也毫无益处的两次世界大战，以及充满着损人不利己的保护主义、贸易战争的经济全球化。从“相互确保摧毁”的大国核竞赛，到经济相互依存日益加深的今天，国家之间发动的贸易战并不是一方获利另一方损失的零和博弈，而是两败俱伤。更甚者还会发展到国际社会整体利益损失的“皆输博弈”。

与“零和”或“皆输”相对，各国通过携手应对国际恐怖主义、大规模杀伤性武器扩散、全球变暖、传染病、难民、金融危机、网络攻击等问题来维护共同利益的“双赢”概念应运而生。这种观点以追求双边或多边共享的“国际利益”，以及实现世界所有国家的“世界利益、地球利益”为主要目标。今天，我们就是生活在这样一个谋求国家利益和国际社会利益并存的时代。

但是，两种利益的和合共生并不容易。例如，“没有核武器的世界”符合世界的利益，但如果一个国家执意拥有核武器，与该国家 A 对立的国家 B 也会追求拥有核武器，而与国家 B 对立的国家 C 也会跟着效仿，形成连锁反应。例如，中国在 20 世纪 60 年代成为了拥核国。与中国有边境纷争的印度也没有加入《不扩散核武器条约》（NPT），于 1974 年进行了首次核试验，并在 1998 年进行了 5 次核试验。对此，在克什米尔问题上与印度对立的巴基斯坦也进行了核试验。此后亦然，一个国家核能力的增强引发了其他国家的连锁反应。

2017年联合国大会首次通过了《禁止核武器条约》，旨在使核武器非法化。但在《不扩散核武器条约》中被承认拥有核武器的美、俄、中、英、法五国，却并没有参加会议。核威慑力量是构成安全保障的基础，只要这些大国之间的国家利益依旧对立，那么放弃核威慑力量的可能性就微乎其微。与此同时，也出现了像朝鲜一样的新拥核国。虽然废除核武器这一“世界利益”貌似符合各国自身的国家利益，但就此相信包括恐怖分子在内的国际社会所有成员都将致力于废除核武器，未免过于乐观，从安全保障政策的角度来看也脱离现实。在拥有绝对权力的主权国家内部，很容易就可以进行枪支管制，在日本称为“刀狩”。但是在无政府状态的国际社会，废除核武器可谓牵鬼上剑，难如登天。但即便如此，也不应在核威慑这一“恐怖平衡”下止步思考。我同意斯坦利·霍夫曼在《超越国界的责任》* 一书中的观点，即“政治家应该将把国际关系从弱肉强食

* 斯坦利·霍夫曼的原著为 *Duties beyond Borders*: *On the Limits and Possibilities of Ethical International Politics*，其日文版由最上敏樹翻译，名为『国境を超える義務——節度ある国際政治を求めて』。——译者注

的丛林状态引向文明社会作为追求的最高目标”。

“求同存异”与“开放的国家利益”

“国际利益”和“世界利益”的概念用来表明国家之间其实可以拥有共同的国家利益。通过妥善管控分歧，扩大共同利益，创造一个国际关系平稳发展、和谐稳定的世界。

当年中日邦交正常化时，周恩来总理呼吁把“求同存异”原则作为中日关系发展的指南。日本把这句话翻译成“舍弃小异（或暂时保留），共求大同”。其实，对“求同存异”最恰当的理解，其要旨在于“无论分歧大小，各国应在承认分歧存在的基础上，追求共同的目标和利益”。这便是双赢的思维方式，可以说这是中日两国克服国家制度上的差异，共同发展关系的有效尝试。

2006年中日首脑会谈达成协议，其精神主要体现在2008年中日联合声明中对中日“战略互惠关系”的定位。对于钓鱼岛问题，邓小平提议交给下一代去解决。同样，对于南海主权问题，中国也呼吁“搁置争议，共同开发”。“求同存异”的精神可见一斑。

国家一旦拥有某种力量，便忍不住要使用它。力量越强大，就越难以克服被这种诱惑驱使。然而，如果大国以强权单方面追求国家利益，世界就会变得紧张，道义就会被抛弃。所谓21世纪的明智外交，便是在求同存异的基础上形成共同的国际利益、世界利益。

这就是本书所提倡的在国际利益和世界利益中寻找“开放的国家利益”之原因所在。

注释

1. 日文书名为『二十世紀を生きて』。

第二章

国家利益的历史变迁

一、修昔底德所传递的信息

"弥罗斯对话"

古希腊历史学家、军事家修昔底德所著的《伯罗奔尼撒战争史》被誉为现实主义的经典，其意义在今天仍不曾褪色。

修昔底德（约公元前 460—400 年）

公元前 431 年，伯罗奔尼撒战争爆发，战争断断续续 27 年，使整个希腊陷入毁灭和屠杀之中。作为雅典将军亲身经历战争的修昔底德，怀着为后世留下警醒和借鉴的初衷，对本次战争进行了细致的描绘。

其中一个令人印象深刻的记录是“弥罗斯对话”，它描述了远征并包围了弥罗斯岛的雅典使者前往小城邦弥罗斯，同其代表们进行谈判和交涉的情况。在这次对话中，修昔底德生动地描绘了由权力决定国家利益或正义的现实主义世界，将读者带入到当时的情境之中。现在来介绍一下这一章节。*

弥罗斯的代表希望弥罗斯能够在雅典和斯巴达之间保持中立，呼吁理性和正义，并指出雅典的进攻会触怒神祇和人民，导致斯巴达军队的介入。但雅典表示了拒绝，其理由为“只有在双方力量平等的情况下，正义问题才会在人们的话语中被提及”，“强者可以为所欲为，弱智只能默默接受”。尽管如此，弥罗斯人仍然没有放弃劝说。

> 弥罗斯人：“人们在陷入危险时，仍然有权利得到公平和正义的处理……并有权使用辩论获得他们应得的利益……（如果你们到了倾危的一日，不但会遭到报复，还会成为引为殷鉴

* 下文中部分翻译参考谢德风译《伯罗奔尼撒战争史》，北京：商务印书馆 1985 年版；M. I. Finley（ed.），translated by Rex Warner，*History of the Peloponnesian War*，Penguin Books，1974; 陈玉聃：《人性、战争与正义——从国际关系思想史角度对修昔底德的研究》，上海：上海人民出版社 2012 年版。——译者注

的例子）这对你们来说也有更多的利益和好处。”

雅典人：“我们来到这里是为了我们帝国自己的利益，同样也是为了保全你们的城邦。让你们加入我们帝国，是为了你们的利益，也是为着我们自己的利益，我们并不想节外生枝。”

弥罗斯人：“我们做奴隶，而你们做主人，又何来维护共同利益一说？”

雅典人：“你们若屈服，便能免于即将到来的灾祸；而我们不毁灭你们，也可以从中获得利益。”

弥罗斯人：“我们这些仍然享有自由的人如果不去反抗这一切，而低声下气接受你们的奴役，那么我们就真是懦夫，是孱弱无能之辈了。”

雅典人：“问题在于怎样保全你们自己的生命，而不去抵抗力量远远强于你们的对方。”

弥罗斯人：“我们相信，我们与斯巴达人的同盟将弥补我们在军事上的欠缺……斯巴达人是我们的同族，因为荣誉的缘故，他们也会来援助我们。”

雅典人：“你们好像忘记了，一个关注自己利益的人就会先求得自己的安全；而正义与荣誉的道路往往置人于危险之中。”

弥罗斯人："我们相信就算是刀山火海，斯巴达人也会为我们以身犯险的。因为这个冒险比其他任何情况都更加值得。"

雅典人："要求援助的那一方的热忱，对于有先见之明的同盟者不是一种安全的保障……当人们面临着伤及自尊心的显著危险时，这种虚妄的荣誉心常常指向毁灭的道路……向希腊最大的城邦低头，接受它所提出的合理条件，并不是一件不光荣的事……这是保证安全的规则，即在实力相当的人面前不必退缩，以谦恭的态度对待力量更强的对手，以温和的态度对待力量较弱的一方。"

于是谈判结束，弥罗斯代表作了如下回答："我们不愿意在仓促之间抛弃自我们的城邦建立以来享受了七百年的自由……我们把信心寄托于斯巴达人的援助之上，我们要努力保全我们自己。"弥罗斯人希望同雅典签订和约，同时雅典撤退。但雅典使节仍然坚持继续对弥罗斯城的进攻，并说道，"你们既然孤注一掷，把赌注压在斯巴达、命运和希望之上，你们终究是会上当的。"最终，斯巴达的军队并未前来支援。弥罗斯投降，其成年男子全部被残忍杀害，妇女和儿童皆沦为奴隶。

生存还是自由？

通过描写“弥罗斯对话”，修昔底德想要传递给世人的信息是什么呢？希望读者仔细体会上文画线部分的内容。由此，笔者不由地产生了这样的疑问。

第一，力量悬殊的两者之间，正义真的不存在吗？

雅典强大，弥罗斯弱小。为了保全自己，只能让渡自由。如若不然，雅典即兵临城下，弥罗斯将走向灭亡。从中可以窥见，支撑雅典霸权的不是正义，而是强硬的权力与过分的自信。在权力面前，无所谓正义。这种崛起国家的傲慢与自负，是导致雅典西西里远征以毁灭性失败告终的主要原因。没有正义的秩序终将难以维系。“弥罗斯对话”暗示了迷信权力而罔顾正义的大国所建立的秩序以及大国自身的结局。修昔底德在《伯罗奔尼撒战争史》中欲传达的信息汇集于此。

第二，在拥有压倒性力量的大国面前，相对弱小的国家应当以保护自身安全为先，但是否该就此放弃自由与正义？弥罗斯完全没有胜算击退雅典的军队，而盟国斯巴达的支援也没有保证。究其根本，弥罗斯灭亡的原因在于为了自由与正义，赌上了整个国家的命运。国家如果灭亡，自由与正义就没有任何意义。这也是修昔底德留下的信息之一，也是他被誉为现实主义先驱之所在。

“修昔底德陷阱”

《伯罗奔尼撒战争史》中虽然也包含着国际政治的重要论断，但如今广受关注，引起人们激烈议论的是被称为“修昔底德陷阱”的概念。

修昔底德在前言中说：“如果那些想清楚地了解过去发生的事件和将来也会发生类似事件的人，认为我的话还有一点用处的话，那就足够了。”

“使战争不可避免的真正原因是雅典势力的增长和由此引起的斯巴达的恐惧。”

虽然修昔底德将几个事件作为战争爆发的直接诱因详细记录下来，但使整个希腊陷入战争泥沼的根本原因，是新兴崛起的雅典力量的不断增长和随之而来的传统权力斯巴达的恐惧。美国哈佛大学的格雷厄姆·艾利森（Graham Allison）教授将这一历史经验称作“修昔底德陷阱”。艾利森教授指出，自16世纪以来，在崛起国挑战守成国的16个案例中，其中12个都以战争而告终。伯罗奔尼撒战争的悲剧仍然在后世上演，这也为我们敲响了警钟。

艾利森教授格外挂心的是中美关系。他指出，我们应该警惕，如果目前的局势一直持续下去的话，那么将来与其说是可能爆发中美战争，不如说这种可能性其实比大家现在所想的还要高。他还指出，中国在南海的要求与美国西奥多·罗斯福总统（1901—1909年在任）在加勒比海、太平洋问题上的要求相比，相对有所克制，暗中警告美国的过度反应是不妥的。然而，美国国内有批评指出，这种看法无视时代背景的不同，可能会使中国版的亚洲“门罗主义”正当化。

二、马基雅维利主义与“国家理由”

《君主论》——悲观的现实主义

从古希腊城邦时期开始，国家作为构成世界的主要的独立政治单位已经存在。但是在欧洲，作为基督教共同体存在的中世纪持续了相当长的时间，国家停滞不前。终于到了16世纪，宗教改革、宗教战争使得支撑中世纪秩序的宗教规范意识逐渐淡薄，罗马教皇和教会的权威也日渐式微。1616—1648年爆发的三十年战争成为欧洲最后一场宗教战争。战争结束后，以威斯特伐利亚和会为历史转折点，诞生了主权国家基础上的欧洲国际秩序，国家利益概念也随之确立。

引领这些变化的人物是尼可罗·马基雅维利（Niccolò Machiavelli）。马基雅维利是意大利佛罗伦萨共和国的外交、军政官员，也是著名的政治思想家。当时的意大利面临周边国家的侵略，同时还有内部各种势力的抗争，可谓四面楚歌。马基雅维利也在保卫祖国的战争

尼克罗·马基雅维利（1469—1527年）

中被捕，遭受了毒刑拷打。

这种残酷的经验孕育了被称作现实主义原型的《君主论》(1513年)。马基雅维利的观点非常明确。为了实现意大利的统一，维护其独立，作为君主应该信奉权力，而不是宗教或道义。只有权力才是维持国家存续的必要条件。

马基雅维利的思想中存在着一种悲观的现实主义，即在利己主义的人类社会之中，道德行为并不一定产生有道德的结果，要严格区分“存在”与“应该存在”，去捕捉世界本来的样子。

马基雅维利有言，“在充满邪恶的人类世界”，君主倘若执着于善良，就无法保全自己的地位，也无法维持国家的存续。“必要时，君主必须知晓坚决走向邪恶之法”。为了国家利益，可以无视基督教的正义和伦理原则，“为达目的，不择手段”，这便是马基雅维利的思想要义。

“国家理由”的诞生

罗马教皇以《君主论》是不惧神明的恶魔教义为由将其定罪，并将《君主论》列为禁书。但是，试图从基督教世界的威权中独立出来而建立君主专制政体的君主和政治家们，在《君主论》中找到了现实的思想基础。马基雅维利的思想以欧洲各国的专制君主为中心得以扩散传播。

后世流传的“马基雅维利主义”中的“政治权术”（统治术），因其非道德性而广受诟病。但其中的“政治论”阐释了维护国家安全与自由所必需的政治权力的重要性，并为实现这一目标提供了现实的、合理的方法，这也对后来欧洲现实政治和政治理论的发展产生了重大的影响。

进入 17 世纪，隐藏着马基雅维利思想的“国家理由”（raisond' État：国家的存在理由）概念登场。根据德国历史学家迈内克（Friedrich Meinecke）对“国家理由”一词内涵的解读，“国家理由”是国家行为所遵循的基本原则。“一条普遍的法则是，每个国家都被以各自利益为中心的利己主义驱动，并无情地压抑所有其他动机。”

使这一概念广泛流传，“义无反顾地不断实践”* 的是专制君主路易十三的宰相、法国枢机主教黎塞留（Armand Jean du Plessis de Richelieu）。法国按照黎塞留的“国家理由”原则行动，在历史上最长的宗教战争（三十年战争）中，法国虽然是天主教国家，但同时却站在信奉新教的国家一边，通过延长战争，有效削弱了威胁法国安全的神圣罗马帝国的力量。“国家理由”促使法国成为了欧洲的支配性大国。基辛格评价说：“黎塞留之所以能够取得如此伟业，正是因为他是唯一一个抛弃了中世纪的道德情怀和宗教束缚的政治家。”。

黎塞留（1585—1642 年）

---

* 译者在对照日文和英文原著后作出上述翻译，原文来自亨利·基辛格：《大外交》，原文应为“He promulgated the concept of raison d’État and practiced it relentlessly for the benefit of its own country”，Henry Kissinger，*Diplomacy*，New York，Simon & Schuster，1994，p.59。——译者注

此后，“国家理由”逐渐成为欧洲外交的指导理念。然而在“国家理由”的引导下，“为了维护国家利益，无论采取何种手段都可以被认为是正当的”，结果导致国家间的利益冲突已经无法抑制，逐渐失控。在这一背景下，“均势”（balance of power）应运而生。“均势”以对抗法国霸权的形式偶然出现，由英国发展成为一项战略。从地缘政治的角度出发，英国始终扮演着“离岸平衡手”的角色。英国作为欧洲西部的小岛国，如果想要生存下去，就必须阻止可以支配欧洲大陆的国家出现。“均势”也是国家根据国家利益行动的产物。

三、主权与霍布斯的丛林世界

主权国家与“利维坦”

在“国家理由”概念广泛传播的时代，与此相关的另一个重要的政治概念也得到了进一步发展，这个概念便是“国家主权”。

法国法学家让·博丹（1530—1596 年）指出，在内战引起的无序中，若要使和平回归，就有必要承认不能被任何事物所侵犯的、作为“最高、唯一、不可分割”的主权权力。博丹在其著作《国家六论》（1576 年）中写道，主权是恒久的，不因被赋予的个人（君主）的死亡而丧失。从这一点看，主权被定位为是具有“国家主权”

托马斯·霍布斯（1588—1679 年）

属性的概念。在之后的政治理论发展中，博丹的主权理论也以各种各样的形式被采纳。

其中之一就是英国哲学家托马斯·霍布斯（Thomas Hobbes）。

霍布斯在著作《利维坦》中描述了一种“一切人反对一切人的战争（人待人如豺狼）”的状态。从专制君主到市民革命，再到君主复辟，霍布斯从这些混乱中洞察出人类的本性，产生了这个想法。人类天性利己，有攻击的本能。因此，在“自然状态”下，人类受到持续不断的恐惧和暴力导致的死亡威胁，使用暴力进行自我保护被认为是“自然权利”，得到了肯定。

霍布斯基于“性恶论”描绘出无序的丛林状态，我们怎样才能从其中逃离，获得安全？霍布斯对此做了如下论述。

人类根据相互之间的（社会）契约，将自己的所有权利转让给一个人（国王）或一群人（议会），并由此成立主权国家（霍布斯口中的怪物“利维坦”）。通过对主权国家的服从，和平稳定的社会秩序得以可能。“利维坦”这个怪物最初出现在《圣经》旧约中，“约伯记”中记载“地上没有什么东西可以与之相提并论，不知道何为恐惧而被创造出来的”巨大海怪。

在霍布斯著作《利维坦》的封面插图中，描绘了一个巨人右手持锋利宝剑，左手持神职者权杖，俯视着和平的田园风景的场景。仔细观之，巨人的身体由成千上万人组成，脑袋是头戴王冠、作为主权者的君主。这暗示了国民把自然权利让渡给一个主权者，以绝对的权力来实现主权下的和平与安全。在自然权利被委托之后产生

《利维坦》(1651 年) 初版封面插图

的主权，本质上被委托的是人们基于理性的判断。所以，主权是国家理性（国家利益）的体现。

国家最大的作用，就是通过垄断暴力从而使人民遵从法律，保障社会的安全。马克斯·韦伯（Max Weber）称国家为“拥有合法使用暴力的垄断地位的实体”。假若被赋予这一权力的君主、政府其自身不够稳定，那么社会的稳定也会随之消失，个人的安全也就得不到保障。这个现实至今仍未改变。今天被称为“破产国家”的南苏丹、索马里、也门、叙利亚、阿富汗、伊拉克等就是典型例子。

国家的安全还是个体的自由？

但国家并不仅仅为了安全而存在。荷兰哲学家斯宾诺莎（Baruch de Spinoza，1632—1677 年）在其著作《政治论》中指出，“一个国家如果其和平依赖于它的国民怠惰无能，使他们犹如绵羊一样，除了奴性以外什么也不知道，这与其称之为国家，不如称之为荒芜的沙漠更恰当些”。* 这其中包含了一种对霍布斯无限制绝对主权下被无视的自由的渴望。国家这种形态是由恐怖和希望这一共同感情结合的一个共同体，不仅包括肉体上的安全，也包括精神上的自由，即思想、言论、表达的自由。没有对这些要素的承认，也就

* 翻译参考［荷兰］斯宾诺莎著：《政治论》，冯炳昆译，北京：商务印书馆 1999 年版，第 43 页。——译者注

不会有国家体制的稳定与和平。在其著作《神学政治论》的最后一章中，他总结道："因此，国家的目的实际上应当是自由。"

如何看待安全与自由的关系？为了个人的安全被赋予主权这一绝对权力的利维坦如果滥用权力，将剥夺国民的自由，甚至会侵害国民的安全。虽然霍布斯提倡的是垄断暴力的专制君主统治，但柏拉图理想中的"哲学王"政治也如镜中花、水中月，实在令人难以期待。反而会像亚里士多德所指出的那样，极易陷入暴政。

英国政治思想家约翰·洛克（John Lock，1632—1704 年）认识到，人类拥有理性，并不会突然发生争执。从这一点出发，人类有自我统治的理性，通过与国家签订社会契约，把与生命、身体、财产相对应的自然权利的一部分委托给国家。国家根据国民的信任与委托行使主权。因此，民众选出的政府如果没有合理行使主权，那么拥有主权的国民就可以进行反抗。

这种思想对后来的法国大革命和美国独立战争带来了很大的影响。美国宪法修正案第二条指出，对于"自由国家的安全"来说，遵守纪律的民兵的存在极有必要，承认"人民持有和携带武器的权利不受侵犯"。

国家与社会的稳定同个人的自由与权利之间的冲突促生了现代市民革命。欧美各国在实现民主化之后，通过三权分立以及普选权等民主方式进一步弱化了利维坦似的权力集中现象。

面对自鸦片战争以来的列强侵略，中国未能确保国家、国民的安全。进入21世纪，中国以“强国”和“强军”为目标。就算是在自由国家美国也是如此，“9·11”事件之后，美国强化了社会监视和边境管理，呈现出国家安全优先于个人自由和隐私的倾向。国家安全优先于国民自由的新型利维坦——“国家安全国家”（national security state）就此登场。

四、维也纳体系与均势

梅特涅外交

“国家理由”成为了欧洲各国的指导性政治思想，战争不受道德规范的制约而日益失控。强国要求统治，弱国通过政治联合进行抵抗。由此诞生了“均势”概念，在此基础上构建的国际秩序被称为“维也纳体系”。这其中的核心人物就是奥地利外交大臣梅特涅（Klemens Wenzel von Metternich）。拿破仑战争后，欧洲各国一起召开了维也纳会议（1814—1815年），梅特涅基于对奥地利实力和地缘政治的考虑，始终保持奥地利中立，扮演调停者的角色。随后，根据“联合与均衡的原则”，各国于1815年共同签署了《维也纳议定书》，“这是坚决地希望在欧洲确保永久和平的强烈愿望的结果”。

梅特涅（1773—1859年）

在此基础上，不仅存在权力的“平衡”，而且存在欧洲国家国内政治制度的共存这一价值（正统性）的“连带性”。欧洲列强为了封杀自由民主运动正互相需要彼此。

基辛格高度评价这位外交家，梅特涅侍奉奥地利皇帝弗朗茨一世（1804—1835年在位），在欧洲外交青史留名。他在回忆录中写道，“法才是真正的力量”，并将其奉为人生信条。具体如下所述。

> 所谓“政治”就是在最高层次处理有关国家的生死利害问题。在由各个国家组成的“社会”中，每个国家除了自己固有的利益之外，也与所有其他国家或者某些国家集团分享共同的利害关系（《梅特涅回忆录》摘录）。

在梅特涅眼里，政治和外交是“保证国家生存”的学问，是国家最重要的利益。国家的生存，即以安全保障的固定形式抑制国家各自的利益，保护共同利益，这成为之后欧洲宫廷外交的主要基调。

梅特涅时期建立的维也纳体系，重建了法国大革命和拿破仑战争结束后的欧洲秩序，为以后的和平奠定了坚实的基础。虽然历史学家对此观点各不相同，但在欧洲均势体系下，除去克里米亚战争（1853—1856 年）和普法战争（1870 年），到第一次世界大战为止都没有爆发大规模的战争。这样的和平维持了约一百年，其出发点中便有“没有均势的和平只能是幻想”的梅特涅外交思想。

尽管也有声音评价“维也纳体系”为“保守反动”，但对于多民族国家奥地利的生存和安全以及欧洲的稳定来说，维也纳体系阻止了民族主义革命可能带来的无止境的破坏和杀戮，防止了其可能带来的外溢效应（自由主义或民族主义、民族国家［nation state］的扩散）。

同一时期的法国外交大臣塔列朗对这一潮流也表示支持，他主张回到法国大革命之前的状态，实行“正统主义”。战后需要接受指责的战败国同时也被认定是革命的受害者，这让法国站在了与其他

俾斯麦（1815—1898 年）

大国平起平坐的位置上。一直以来，塔列朗维护法国国家利益，对欧洲新秩序的形成亦有贡献，他独特的外交手腕也得到了高度评价。梅特涅就曾留下这样的评价："他是智能超群的人"。

"俾斯麦体制"

进入 19 世纪后半期，普鲁士的俾斯麦和法国的拿破仑三世开始尝试突破维也纳体制。俾斯麦的目标是统一德国，而拿破仑三世的目标是恢复法国的领导地位，但最后成功的是俾斯麦。

俾斯麦虽然因为三次战争和"铁血演说"被认为是崇尚武力的"铁血宰相"，但作为首相，其手腕在避免战争的和平外交上得到了充分发挥。普鲁士在普奥战争和普法战争中获胜，俾斯麦实现了由普鲁士主导的对德意志的统一，他最担心的是法国发动复仇战争。

所以，德国统一后俾斯麦外交的主要目标便是孤立法国、维持欧洲的和平。

在俾斯麦引退前的二十多年时间里，均势策略巧妙地反映在其外交政策上，与列强的同盟关系也多次发生了改变，最终成功实现了这一目标。俾斯麦巧妙地利用了拿破仑三世的外交攻势，并将其作为给普鲁士谋求国家利益的重要契机。这位杰出的天才外交家通过与欧洲国家的合纵连横实现了自己的政治目标。但这也意味着，“俾斯麦体制”仍然依靠其个人的力量而存在，根基格外脆弱。

“光荣孤立”政策

大英帝国是努力维护欧洲势力平衡的另一大国。宣称“大英帝

帕默斯顿（1784—1865 年）

国没有永恒的朋友，也没有永恒的敌人”的英国首相帕默斯顿始终贯彻着“均势”这一战略，冷静审慎地追求国家利益。从 18 世纪到 19 世纪初，想要掌握大陆霸权的法国是英国的敌人，而弱国普鲁士则是英国的盟友。随着普鲁士统一德国，强大的德国对英国来说成了敌人，而国力变弱的法国则成了英国的盟友。这也不难看出，现实主义在英国外交中确确实实存在着。

为了更好地统治和保卫“日不落帝国”，英国一直努力回避欧洲大陆的纷争，同时警惕和防止欧洲大陆可能会威胁到英国本土安全的霸权国出现。这是英国对欧洲大陆的基本政策，其战略旨在维持欧洲大陆之内的“均势”和“光荣孤立”。

通过这一战略，英国成功维持了世界霸主地位，该时期被称

威廉二世（1859—1941 年）

为“英国治下的和平”(Pax Britannica)。19世纪下半叶，在强大海军力量的支撑下，英国成为了世界上最大的贸易国，独占海运行业，并成为唯一一个能够做到对非欧地区的出口额超过对欧出口额的国家。当时，英国是世界上最大的资本输出国，世界上绝大多数的贸易都由英镑结算。伦敦成为世界的经济、金融中心，愈加繁荣兴盛。

但在俾斯麦退出欧洲政治舞台后，“均势”作为一种妥协的外交艺术被踢到一边，对国家利益与单边权力的追求支配着欧洲大陆，“均势”渐趋瓦解。德国新皇凯撒·威廉二世提出了扩张主义的“世界政策”，在海外殖民地的问题上与英国发生对立，同时开启了造舰竞赛，德国欲挑战英国霸权的姿态进一步凸显。如果英国不成为欧洲大陆均势的其中一翼，德国便会手握欧洲霸权，那么对英国安全的威胁也就越来越大。为对抗德国的威胁，英国放弃了在欧洲的孤立政策，开始同法国、俄国进行谈判，以对抗德国、奥匈帝国、意大利组成的三国同盟。这是第一次世界大战的前奏。

日本明治时期的国家力量与国家利益

在漫长的江户幕府锁国时代，几乎所有的日本人都没有意识到国家的存在。比起对日本这个国家的归属意识，作为统治阶级的武士对自己所侍奉的大名(日本封建制度时对领主的称呼)的忠诚和对大名所治理的藩的归属意识倒显得更为强烈。虽然他们通过儒学、汉学学习中国的文化和知识，但这里的中国并不是政治、经济等现实世界里所谈论的国家。因此，他们对日本本国的国家意识也极为淡薄。

“佩里叩关、黑船来航”使日本意识到世界的存在，同时也意识到了日本作为一个国家的存在。仁人志士开始讨论日本应该有的姿态，一个不断求索的时代的大门由此开启。

明治时期是把日本建设成为近代国家的时代。明治六年（1873年）三月九日，俾斯麦对明治维新后不久前往德国首都柏林的岩仓使团这样说道：“于大国而言，对自己有利时便会遵从国际法；一旦不利，便会立刻诉诸军事力量。”

朴次茅斯会谈（1905年，背对本图中间位置者为小村寿太郎）

在如此弱肉强食的国际政治环境中，日本虽然致力于“富国强兵”，在与中国（清朝）的斗争中取得了胜利，但由于俄国等三国的干涉，也咽了不少苦水。德富苏峰对“三国干涉还辽事件”发出感慨：“没有足够的力量，任何正义公道都将一文不值”，说明“强兵”的重要性。在日俄战争逼近的 1900 年，日本的军费开支超过国家预算的 45%。日本国民也在卧薪尝胆中忍耐着。

在日俄战争开战前夕，总参谋长儿玉源太郎对伊藤博文说，与俄国的战斗只要持续两年以上日本就会惨败，需请求美方进行仲裁。日本外相小村寿太郎直视日本军事力衰退、财政能力不足这一现实，在美国总统西奥多·罗斯福的斡旋下对俄媾和，签署《朴次茅斯条约》。

条约的内容并未能满足沉浸在奉天会战和日本海大海战胜利中的日本国民的期待，小村外相被认为是日本“屈辱外交”的主要负责人，遭受了铺天盖地的批判和责难。在日比谷公园发生了反对媾和运动并造成“日比谷烧毁事件”，引起了全国范围内不小的骚乱。但是，鉴于日本当时并没有继续战斗的余力，日俄战争没有持续过长时间就终结符合日本的国家利益。儿玉和小村坚持秉承与实力相符的原则追求国家利益，可谓是坚守住了日本的国家利益。然而，儿玉和小村这样的人物并未能领导昭和时期的战争。

五、权力与国家利益驱动的两次世界大战

第一次世界大战与美国的崛起

在整个欧洲形成同盟关系后，从巴尔干半岛萨拉热窝飞出的一颗子弹瞬间成为燎原之火，席卷了欧洲。等回过神来，除瑞士以外的所有欧洲国家已分成两大阵营，正在走向前所未有的战争深渊。

不幸的是，长久以来和平的欧洲大地上进行的最后一次战争，是距第一次世界大战爆发四十多年前的普法战争。不仅如此，战争没有多久就结束了，首都巴黎没有流血就被占领。因此，欧洲的政治家和军队指挥官，包括国民在内，都完全没能料想到即将发生的战争会造成如此严重的损失，有超过 1 000 万将士的阵亡、无数的伤兵以及因伤寒带来 100 万人的死亡。由于科学技术的进步，新式武器的破坏力显著提高。战争总动员最终带来了前所未有的杀戮和破坏。

战争的转机是美国的参战。大战开始时，美国已经是世界上最大的工业国。例如，以象征国家力量的钢铁产量来看，当时美国的产量比英国与德国的总和还多一倍。德国发动的无限制潜艇战使美国舆论态度趋于强硬，美国参战后战况开始变得对协约国联军有利。德国的工业生产降到战前的二分之一，国内发生了反战运动，由于

基尔军港的叛乱等，德意志帝国崩溃。使欧洲荒废了四年之久的第一次世界大战就这样结束了。同时，欧洲支配世界的时代也宣告结束。

德国、奥匈帝国、俄国、奥斯曼帝国崩溃，在民族自决原则下诞生了许多新的中小国家。但这场大战引发的国际政治最大变化是，欧洲东部诞生了巨大的社会主义国家，而在大西洋的西侧，拥有世界一半以上工业生产力的经济大国（美国）取代英国占据了世界的霸权地位。战后世界秩序的构建实际上取决于美国的意志。一个代表性体现是美国的威尔逊总统提议建立国际联盟并主导了战后国际秩序的确立。

不幸的是，战后的美国很快重返孤立主义。由美国提议成立的历史上第一个具有广泛代表性的国际联盟，美国由于参议院的反对，并没有确保自己的席位。《凡尔赛和约》对德国征收了报复性且苛刻的赔偿，迫使德国人民居住的苏台德区被割让，这不但不能稳定战后秩序，反而为之后的纷争留下了火种。

慕尼黑会议的教训

1929 年，在世界最大证券交易所所在地——世界金融中心纽约，华尔街股价暴跌。金融危机瞬间扩散到了全世界，结果导致了世界性的大恐慌，全球经济陷入了萧条和失业的深渊。

慕尼黑会议（前排左起，英国首相张伯伦、法国总理达拉第、德国元首希特勒、意大利首相墨索里尼）

世界再次进入一个黑暗动荡的时代。共产主义和法西斯主义趁此抬头。希特勒和墨索里尼利用经济不景气、过激的民族主义和反共主义掌握政权，试图扩张领土，打破凡尔赛体制。

1935 年，欧洲屈指可数的煤炭产地萨尔被编入德国。萨尔位于法德边境，在普法战争中成为德国领土，90% 的居民为德国人。但第一次世界大战后，在国际联盟的管理之下，萨尔煤田的开采权掌握在法国手中。德国在此后的决定该地区归属的公投中获得胜利，自第一次世界大战之后首次将领土扩大。同年，希特勒宣布重整军备。翌年，他撕毁了《洛迦诺公约》，进驻非武装地带莱茵河。1938 年在合并奥地利之后，还要求捷克斯洛伐克割让苏台德地区，依靠武力大力推进“大德意志”建设。

对此，英法两国在慕尼黑会议上把捷克斯洛伐克交给了希特勒，他们幻想着用盟国捷克斯洛伐克的牺牲可以换来欧洲的和平。战后，英国首相张伯伦回忆起这一臭名昭著的“绥靖政策”，他误认为希特勒是一个诚实的人，犯下了坐视德国力量逐渐强大而不顾这一致命的战略错误。

在第一次世界大战之前，面对日益崛起的德国的威胁，英国曾发起全国总动员进行对抗，但在第二次世界大战之前，英国却对德国一再让步，让整个欧洲大陆都被德国牵着鼻子走。

慕尼黑会议及其后的历史进程为我们留下了深刻的教训，如果承担维护国际秩序责任的传统大国对正义和规则视而不见，对新崛起国运用权力造成的威胁和不法行为睁一只眼闭一只眼，那么即使能够渡过眼前的小危机，之后还会有更大的危机要面对。

慕尼黑会议时，却很少有人意识到这一点。当时还是议员的丘吉尔在下议院演讲中说：“不要以为这种事会从此结束，这不过是算账的第一步，只不过是以后每年还要递给我们的苦杯的第一口，第一次尝尝罢了。”警钟虽已敲响，但声音却未传递给英国人民。张伯伦作为和平的使者，在结束慕尼黑会议回到英国后受到热烈的迎接，他站在首相官邸的阳台上向国民报告说：“光荣的和平又回来了。”

超越意识形态的国家利益

国家身处重大的危机之中，捷克斯洛伐克的总理甚至都未能参加这一决定本国命运的会议。由于英法两国的绥靖政策，正义在欧洲已经沦落，赤裸裸的权力政治粉墨登场。希特勒的欲望不会因此而止步。第二年（1939 年），捷克斯洛伐克首都布拉格被纳粹德国占领，东欧唯一的民主主义国家消亡了。

1939 年 9 月，德国闪击波兰，英法两国幡然醒悟，意识到再坚持绥靖政策无异于自杀，于是对德宣战，第二次世界大战拉开了序幕。

而就在上个月，希特勒对斯大林表示："两国之间不存在本质上的利害冲突。"并与苏联签署互不侵犯条约。法西斯国家和社会主义国家的共谋震惊了世界。这是一个历史性的大事件，形象地告诉世人国家不是根据意识形态，而是根据国家利益而行动。

超越意识形态而追求国家利益也发生在民主主义国家和社会主义国家之间。1941 年 6 月，德国撕毁《苏德互不侵犯条约》进攻苏联，民主主义阵营同社会主义苏联开始联手。德国面对东西两面作战的境地，再加上之后美国的参战，便注定了德国的失败。第二次世界大战前，将苏联视为假想敌的日本与德国和意大利共同签订《反共产国际协定》，对于苏联和德国之间签订《苏德互不侵犯条约》

的行为感到非常震惊，不禁有声音感慨“欧洲天地真是复杂离奇”（平沼骐一郎首相），其时的平沼骐一郎内阁也集体辞职。之后不到两年，德国就进攻了苏联。两个月前签订《日苏中立条约》，曾大力推进“日、德、意、苏四国同盟”构想的日本再次受到了冲击。与被欧洲列强权力政治所愚弄的日本形成鲜明对比的是，在下院，丘吉尔不顾反共产主义者的言论说道：“如果希特勒入侵地狱，我也会为恶魔说几句好话。”他还对国民说：“俄国的危机就是我们的危机，也会是美国的危机。”并采取了对苏支援的政策。这句话充分说明了国际政治超越意识形态，以国家利益为根本展开行动的权力政治。

互为表里的国家利益与权力

在欧亚大陆的另一侧，日本丢失了看清国家力量和国家利益所需的冷静与谦虚，与当时世界力量最强大的美国展开毫无胜算的战争。太平洋战争前日美之间的实力差距已经显而易见，开战以后，差距进一步拉大。例如，兵器生产不可缺少的粗钢生产量，日美两国之比从 1∶12（1941 年）到 1∶40（1945 年）；舰船和飞机运转所必需的燃料石油产量，从 1∶776 到 1∶1121，仅从数值比例来看这就是一场注定失败的战争（山田朗《军备扩张近代史》）。东条英机首相强辩说：“敌人内心充满恐惧”、依靠“世界上史无前例”的精神力量，我们就“一定能够取得最终胜利”（1944 年东条英机施政演说）。但是，日本联合舰队司令长官山本五十六说道，日本已经是相当于“深陷桶狭间之战、鹎越古战、川中岛合战的困境”，已经没有能够打赢总体战和消耗战的力量了。

德国战败三个月后的 8 月 8 日，苏联违反《日苏中立条约》对日宣战，第二天进攻中国东北并占领了中国东北的绝大部分。超过五十万名日本战俘被带到西伯利亚从事强制劳动。在 8 月 15 日日本接受《波茨坦公告》的第二天，苏联占领了南桦太岛（库页岛南部）和千岛群岛。《旧金山和约》虽然明确规定日本放弃对千岛群岛的所有权利，但并不包含苏联非法占领的北方领土，这一领土争端一直持续至今未能解决。

正如德富苏峰所说，日本的战败是不可逆转的必然结果。

就如同日本战败所显示的那样，国家利益和国家权力始终互为表里。无视国家权力的国家利益只能是空想而已。如果没有实现国家利益所必须的权力，就必须通过自助增强自身实力或通过同盟和外交的手段加以弥补。明治日本的成功，可以完全归功于日英同盟；战后日本的成功则得益于日美同盟。

国家千万不要弄错结盟的对象。战前的日本与在地缘政治上与日本安全无甚关系的大陆国家德国、意大利结成同盟，结果与英国、美国等海洋国家发生了冲突。日本在战后则作出了一个大转变，选择以海洋力量为中心的美国作为结盟的对象国，置身于以自由贸易为支柱的国际经济系统中，一直保持着和平与繁荣。无论从现实主义均势的视角，还是从自由主义经济相互依赖的视角，这都是极为合理的选择，是符合日本国家利益的战略。

六、冷战期间的“战争与和平”

雅尔塔会议与战后秩序

在与法西斯主义的战斗中，国家安全这一国家利益已然凌驾于意识形态的对立之上。虽然法西斯主义已经失败，但世界出现了新的分裂和压迫。决定这一进程的是雅尔塔会议。通过斯大林、罗斯福、丘吉尔三位领导人的一系列交易，苏联在欧洲和亚洲的势力都得到了

雅尔塔会议（1945年2月，前排左起丘吉尔、罗斯福、斯大林）

大范围的扩展。这极大程度上塑造了战后半个世纪的国际秩序。

美、苏、英三国在雅尔塔会议上秘密缔结了《雅尔塔协定》，作为苏联对日参战的回报，密约同意将中国东北、朝鲜一直到北方四岛都纳入苏联的势力范围。美国在太平洋战争中付出了巨大牺牲，而与此形成鲜明对照的是，苏联在战争马上接近尾声时才加入远东地区的战斗，轻而易举地就从中攫取了巨大利益。时至今日，俄罗斯一边强化对非法占有北方领土的实际支配，一边从要求领土返还的日本这里获得经济合作的收益。

美国总统布什在2005年曾经指出："为了稳定而牺牲自由，给欧洲带来了动荡与分裂，这是历史上曾犯下的最大过失之一"。他批判了雅尔塔会议，并承认在分割欧洲这一点上，美国也有不可推卸的责任。共和党批评说，民主党出身的罗斯福把东欧交给了苏联，而后继者杜鲁门的怯懦与软弱使得共产主义势力进一步扩大。对《雅尔塔协定》的评价亦不尽相同。针对苏联对日宣战的《雅尔塔协定》，在当时或许符合美国的国家利益，仅从历史的长周期来看对美国的国家利益未必有利。至今仍在朝鲜半岛和台湾海峡发生的对立与紧张就是冷战的"活化石"。战后，虽然丘吉尔解释说《雅尔塔协定》为"越顶之约"，但美国总统罗斯福疏忽了对斯大林的戒备，缺乏对亚洲战后秩序的构想，可以说他的独断在很大程度上改变了日本和亚洲的命运。

参加这次历史性会谈的三人中，其中两人仅仅是构想了战后秩序，然后便从政治舞台上销声匿迹了。1945 年第二次世界大战终结，这是历史性的一年。这一年，罗斯福离开了人世，丘吉尔在选举中失败，从政界隐退，只有斯大林经历了大国之间面向战后的“讨价还价”，战后作为领导者又在愚弄新的参与者。共产主义逐渐越过苏联国境，一步步向欧洲大陆乃至世界扩散。

美苏冷战帷幕拉开

1946 年 3 月，辞去首相职务的丘吉尔在美国发表演讲警告说，横贯欧洲大陆的“铁幕”已经落下，世界也许会倒退回黑暗的时代，他呼吁建立起维护自由和民主主义的联盟。

丘吉尔演讲时，一直在旁聆听的杜鲁门总统在 1947 年 3 月的国会两院联席会议上发表特别国情咨文，他暗示在希腊和土耳其危机背后有苏联势力的渗透，“美国的政策必须支持各自由民族，他们抵抗着企图征服他们的少数人的武装或外来的压力”，并寻求国会支持政府向上述两国提供援助。这就是所谓的“杜鲁门主义”。

同年六月，美国国务卿马歇尔在哈佛大学发表演讲，发表了向欧洲提供大规模复兴援助的“马歇尔计划”，并指出“我们的政策不针对任何国家或教条，而是针对饥饿、贫穷、绝望和混乱”。

杜鲁门总统呼吁："即使经济实力如美国般强大，也无法在充满了贫困和匮乏的世界中维持繁荣。"正如这句话所说，美国国家利益与世界利益的重合度不断加大。在欧洲正被共产主义浪潮吞没，在危机四伏的情况下，美国通过"杜鲁门主义"和"马歇尔计划"，表现出捍卫各自由主义国家的强烈意志。其作为"对苏遏制"的政策，长期以来成为支撑美国战后外交的基石，直至冷战终结。

共产主义与自由民主主义的意识形态对抗伴随着核军备竞赛和地区冲突的加剧日趋白热化。在美国向广岛和长崎投下原子弹的四年之后，苏联也成功引爆了第一枚原子弹，美苏两个大国在"核威慑"的推动下展开了激烈的核军备竞赛。1952 年，美国成功爆炸了世界上第一枚氢弹，翌年苏联也进行了氢弹试验，赶上美国。不仅如此，到 70 年代初为止，英国、法国、中国都拥有了氢弹。世界笼罩在核战争的阴霾之下。

美苏冷战中，由于朝鲜领导人金日成的野心再加上两国领导人的误判，美国卷入了第二次世界大战之后的第一次正面冲突。对斯大林来说，美国的参战，对杜鲁门和麦克阿瑟*来说，中国的参战，都实属意料之外。持续了三年以上的朝鲜战争一度处于核战争爆发

---

* 1950 年，联合国安理会通过美国起草的决议，组织联合国军参加朝鲜战争，任命麦克阿瑟为联合国军总司令。——译者注

的边缘，直到斯大林（1953 年）去世才加速了双方停战的步伐。战线时而南下，时而北进，整个朝鲜半岛都处于荒废之中，整个朝鲜半岛的死亡人数加起来估计达到 350 万人，离散家属也有 1 000 万人以上。

第三世界的战争与苦恼

吊诡的是，自由和民主主义打败了法西斯主义，并且在正要与共产主义对抗的时候，本应位于先头兵的西欧各国，却披着旧殖民帝国的外衣，对第三世界兴起的民族主义展开了一场注定徒劳无获的战争。

自由价值深深镌刻在法国的国家历史中，但法国却在越南和阿尔及利亚展开了与这一价值不相称的战争。在战争中浪费国力，最终屈辱惨败。英国与荷兰亦是如此，分别在马来亚和印度尼西亚栽了跟头。与西方对抗的苏联则站在了殖民地一侧，为其提供武器和援助。与此相对，美国把这当作国际共产主义的渗透，支持西方国家的“反共”战争。因冷战而产生的第三世界的苦恼与战争，同样困扰着战后拥有无与伦比力量的美国，随后介入多个同第三世界国家的战争。

1960 年，苏共总书记赫鲁晓夫在联合国大会上，把鞋子脱下来摔在桌子上，向联合国大会主席叫喊让美国帝国主义闭嘴。另外，赫鲁晓夫还发表了支持所有民族解放战争的演讲。美国的肯尼迪总统在就职演说中说道："我们要让世界上所有国家都知道……我们愿意付出任何代价，承受任何负担，迎接任何困难，支持任何朋友，反对任何敌人，以确保自由与繁荣的存续。"

然而，美国为此背负了巨大的重担。法国从越南撤退后，南越腐败的非共产主义政权因为美国的援助得以苟延残喘。美国深陷越南战争的泥淖，美国崇高伟大的形象也因此遭到了破坏。

美国前任国防部长罗伯特·麦克纳马拉（Robert McNamara）在其著作《无休止的争论：寻找越战悲剧的起因》(*Argument Without End*: *In Search of Answers to the Vietnam Tragedy*）中，坦率地讲述了美国这一超级大国所犯下的错误并列举其失败的原因，例如大国的单边主义政策、大国常有的傲慢以及缺乏对军事力量使用限度的合理认知等。

战后，美国的世界战略同样也取得了诸多成果，比如，实现了欧洲的复兴、日本和德国的民主化、遏制共产主义在整个朝鲜半岛蔓延等等。正因为如此，在越南的失败不仅给美国的外交，同时也给美国的政治和社会带来了深刻的影响，这也给美国国会在对外政策上的分裂制造了可乘之机。

即使在这种情况下，美国自建国以来重视自由和民主主义价值的姿态，也被称为“道德例外主义”（美国例外主义）*，却从未改变。这也意味着美国的伟大之处就在于，“无论是过去哪个时代，还是现在，大多数美国人都很容易接受这样一种看法，即认为只要是追求美国的国家利益，就是在追求全人类的利益（罗伯特·卡根）”。

七、古巴导弹危机与人类的共同利益

肯尼迪的决断

在整个冷战期间，因为核战争可能带来的同归于尽的危险，全世界都一直建立在所谓的“恐怖平衡”之上。但在这一过程中存在着双方的默契，无论美苏之间的不信任与对立如何激烈，双方都在竭力避免直接的正面对抗。国际政治学者赫德利·布尔（Hedley Bull）也指出，就算是在美苏冷战最激烈的时候，美苏两国“也并未中断外交关系、取消相互间的主权承认，或是否定共同的国际法概念，也没有分裂联合国使其解体为两个对立机构”。同时，美苏之间强调“国家间的共同利益、国家所能接受的共同规则、通过国家来运作的共同制度等观念”的作用。其作用在古巴导弹危机中得到了充分发挥。

* 美国例外主义英文：American Exceptionalism。——译者注

古巴导弹危机期间在总统办公室踟蹰思考的肯尼迪

1962 年，美国获知苏联在靠近美国佛罗里达州的古巴部署核导弹基地，于是在加勒比海对古巴实施了海上封锁，美苏之间的对立和紧张气氛达到高潮，核战争一触即发。直至赫鲁晓夫宣布将导弹从古巴撤出的 13 天时间里，肯尼迪总统断断续续地召开了由 14—15 名成员组成的国家安全委员会执行委员会（以下称 EXCOMM）会议，对如何应对这一突发危机进行了反复讨论，最终得出六个选项：①无所作为，②引导苏联让步的外交（美国先从土耳其撤出导弹与苏联进行交易），③对古巴领导人卡斯特罗施加压力（要求其重新思考古巴与苏联的关系），④对古巴进行海上封锁，⑤对古巴导弹基地实施空袭，⑥全面进攻古巴。

在主张对导弹基地进行空袭的呼声日益高涨的情况下，肯尼迪总统经过深思熟虑选择进行海上封锁。这是介于“无所作为”与“武力攻击”(⑤或⑥)的中间措施，既充分显示了美国的强烈意志，又不像空袭那样仓促，是平衡后的慎重选择。

若要消除对美国的核威胁，或许就要直面人类社会的崩溃。面对这一史无前例的心理压力，肯尼迪总统必须在时间极其有限、信息极其不对称的情况下作出决断。尽管如此，他还是成功实现了既维护美国安全这一“生死攸关的国家利益”，又维护人类生存这一“世界利益”的目标。

肯尼迪政府为寻求国际社会的理解，积极利用多边主义外交平台。除了得到联合国安全理事会和北约的支持外，美洲国家组织（OAS）还承认了美国进行海上封锁（美国称其为“隔离”）的法律正当性，美国的立场因此得到强化。美国在联合国安理会上首次向全世界展示了导弹基地的照片，此举也收效颇丰。不仅如此，美国还通过联合国表明了海上封锁的具体范围，努力避免与苏联发生意外冲突。多边主义有利于加强一国行为在道义和国际法上的正当性，获得国际舆论的支持。不幸的是，这种多边主义外交的原则在当今的美国已经不太常见了。

政治领导人的理性

在古巴导弹危机的全貌日益明朗化的今天，对这一事件也必然存在着各种各样的讨论或批评。但在危机发生过程中，美国并没有成功捕捉到苏联将核武器连同导弹一同带入古巴的事实。是否发射导弹由当时苏军现场指挥官来决定，因此并不能排除将核导弹发射到美国本土的可能。也就是说，军队主张的武力运用是风险极高的选项。在当时如此紧张的情况下，美国领导人没有丧失目标，而是沉着冷静地作出了合理的最后决断，这是美国之幸，也是世界之幸。

当然，苏联领导人赫鲁晓夫冷静的政治判断也值得称道。危机期间，古巴领导人卡斯特罗曾建议苏联动用核武器攻击美国，但是赫鲁晓夫否决了这个提案。时任美国司法部长同时也是EXCOMM会议重要成员的罗伯特·肯尼迪（Robert Kennedy）一直支持其兄长肯尼迪总统，反对武力攻击，主张进行海上封锁。他在回忆录《十三天》中记述："（肯尼迪总统）很尊敬赫鲁晓夫，因为他（赫鲁晓夫）了解何为本国的利益，何为人类的利益，并作出了合适的判断。"

从他的话中可以看出，肯尼迪总统拥有着惊人的柔韧性和同情心。他将自己置于赫鲁晓夫的位置上，竭力思考如何既能够保住赫鲁晓夫的颜面，又能够打开局面，解决问题。例如，他要求人们使用"隔离"（quarantine）一词，而不是意味着一种战争形式的"海上封锁"（blockade）。此外，苏联货船一旦靠近，美国便会移动封锁线以避免检查和冲突。另外，罗伯特·肯尼迪也通过与苏联大使的接洽，向赫鲁晓夫秘密传达了如果苏联从古巴撤出导弹，美国也有意将导弹从土耳其撤出这一信息。

危机时期，肯尼迪总统曾经说："我并不想过度压抑苏联，哪怕一丁点儿。"除了让赫鲁晓夫理解在古巴布置核导弹关系到美国生死存亡的国家利益，还态度坚决地表示"拥核国家必须避免与对方对决，让对方选择屈辱性的失败或者核战争两者中的任何一个结果"。

赫鲁晓夫在古巴导弹危机中的让步也成为其两年后下台的原因之一。但是，苏联从古巴撤除进攻性武器，作为交换美国也承诺不再攻击古巴，这才得以达成妥协（危机一年前发生"猪湾事件"，美国企图颠覆卡斯特罗政权的侵略失败）。同时，美国也撤走了在土耳其部署的导弹。因此，赫鲁晓夫绝不是"屈辱的失败"。

正如赫鲁晓夫在书信中所述，"理性获得了胜利"，避免了可能导致人类灭亡的核战争。罗伯特·肯尼迪在回忆录的结尾处也写道："如果说这是一场胜利，那么它应该是属于下一代的胜利，而不是特定政府或特定国民的胜利。"

核战争必定是"相互确保摧毁"下的两败俱伤。在这种紧要关头，争吵不休的国家间没有胜者。或是双方苟延残喘，或是双方同归于尽。古巴危机就将这种恐惧感深深植入美苏两国政府和国民的心中。在“恐怖平衡”下，为免于毁灭，理性一直发挥着作用，在危机后的27年间，美苏之间再没有发生任何战争，冷战就这样结束了。

美苏两国基于核威慑战略，就算是在国家的极限状态下也都投入了庞大的资金和资源来生产根本不可能使用的武器，并且不断升级武器的破坏力。这就是被恐惧和不安支配的“国家理性”。如果冷战这40年中，美苏没有搞军备竞赛，而是着力解决世界贫困问题、缩小贫富差距、加强全球治理，同时对大规模杀伤性武器的扩散果断采取相应的措施，那么我们今日的世界或许别有一番景象。

当下，朝鲜半岛问题正为世界瞩目。通过“给对方施加压力，而不是穷追不舍”的方式，罗伯特·肯尼迪所说的“下一代的胜利”是否会到来？政治领导人的理性正接受着时代的考验。

八、冷战的终结与“9·11”的冲击

美国治下的和平

1989年11月9日，象征着东西方冷战的柏林墙倒塌了。弗朗西斯·福山（Francis Fukuyama）将这一历史转变称为“历史的终结”。他还说道，人类走向自由民主的潮流已经成为世界的主流，德

国哲学家黑格尔的历史观——即由理性所支配的历史其终极目标是自由——已经实现了。

乐观论、“扁平化世界”（托马斯·弗里德曼）等论调似乎在向世人承诺，随着民主主义和市场经济的扩大，一个和平、繁荣的时代已经到来。在欧洲，欧盟（EU）的成立超越了以国家主权和不干涉内政为支柱的威斯特伐利亚体系，且在不断扩大和持续深化。我们似乎正向康德在其著作《永久和平论》中所描绘的“自由国家联盟”的梦想前进。对民主化和市场经济化进一步发展充满期待的俄罗斯参加了七国集团首脑会议（G7）。而在东亚地区，囊括整个东南亚的东南亚国家联盟（ASEAN）、不断推进改革开放的中国等国家，也都保持高速的经济增长。1997 年发生的亚洲金融危机也使人们认识到，区域内经济相互依赖程度在显著提高。实际上，随着经济一体化的进行，对制度层面一体化的探索也逐渐提上日程。1997 年开始的东盟与中日韩领导人非正式会议于次年机制化，1999 年中日韩首脑会议也开始了。处于这种漩涡之中的笔者感受到了东亚地区主义的浪潮，作为日本外务省的一名外交官也在为加强地区对话与合作而奔走。

成为唯一超级大国的美国，以“世界警察”的身份在海湾战争中取得胜利，实现了国际正义。在信息技术产业（IT）牵引下，世界经济也呈现出空前的繁荣。在地球上的每一个角落都切实感受到了“美国治下和平”时代的到来。

反恐战争与“国家安全国家”的转变

在席卷全世界的东西对立中，数量庞大的武器遍布全球。冷战时期被压制的民族和宗教对立逐渐浮出水面，而这些武器也使暴力升级为武装冲突。在全球化的洪流中，恐怖分子嚣张跋扈，大规模杀伤性武器得以扩散。激进思想和暴力的蔓延引发了“新战争”，直接冲击了自由开放的国际社会。

就在此时，美国遭到了前所未有的恐怖袭击。

2001 年 9 月 11 日同时发生的多起恐怖事件，彻底改变了以往的安全保障观念。此外，冷战中取得胜利的自由价值——自由、人权、民主主义、法治等普世价值与宗教极端主义思想发生了冲突。

恐怖主义其实历史悠久，本来是一种非现代战术，但冷战后，恐怖主义却巧妙地利用了全球化和信息化的便利，作为一种新型战争粉墨登场。世界陷入了一场没有战场且看不见敌人的非对称战斗之中。被称为“布什战争”的反恐战争，在阿富汗和伊拉克将超级大国美国拖入美国历史上最长的战争泥淖中。美国这一传统霸权国因此疲惫不堪，这也给世界中新的紧张和对立撒下了火种。

作为“民主主义灯塔”的美国欲实现中东民主化的梦想，因

“伊斯兰国”（ISIS）的抬头、难民危机、恐怖主义频发而破灭。在亚欧大陆的东西两侧，以强国复活为目标的俄罗斯和以“实现中华民族伟大复兴”为旗帜的中国，更加积极地通过权力来改变现状，开始挑战以美国为中心的国际秩序。不仅如此，难民、传染病、气候变化、网络攻击、金融危机等问题已经超越国界，威胁着主权国家的安全和稳定。

在东西方对立的冷战结构下，什么是威胁？什么是国家利益？对两者的界定都非常明确。但是，随着东方阵营的崩溃，无论是威胁还是国家利益，其界限正变得模糊，国际关系也更加动荡不安。同时，全球化和信息技术革命使这一变化愈发复杂且不透明。

在恐怖和威胁与日俱增的情况下，相比于自由和隐私，国家正转变为“国家安全优先”的“国家安全国家”。敌人无处不在，伺机而动，时刻准备发动攻击，在这一观念的驱动下，国家将所有资源集中到军事上。只要是为了消灭敌人，所有的手段都是正当的，这一理念对政治和经济也产生了相当程度的影响，国家逐渐被军事垄断。在国家、国民安全的名义下，信息被严格管理，国民的言论自由权和隐私权也越来越受到制约。

在美国，《爱国者法案》（USA PATRIOT Act）的制定大幅扩大了执法机关行动的适用范围，引起了激烈的争论。而在中国，2015 年通过的《国家安全法》不仅限于军事，而且强调在政治、经济、文化、教育、互联网、科技等所有领域的安全，着力加强国家统治。日本也不例外，安倍政权制定了安保法案、国家安全保障战略、特定秘密保护法、新设共谋罪等。中国的国防预算持续增加、军事力量不断增强。美国也转而增强核力量、扩大国防预算。日本的防卫预算也在逐年扩大。对军事力量的重视，也衍生出“安全困境”这一军备扩张的连锁反应。

霍布斯描写的被“一切人反对一切人的战争”的恐怖支配的世界观似乎又回来了。

九、国家利益优先的时代

“美国第一”

得益于地缘政治上的优越位置，美国得以将其世界最强大的军事和经济力量投射到世界的各个角落。此外，支撑美国外交理念的理想主义使历代总统们身肩维护国际秩序的使命，积极传播自由和民主主义价值。

战后的《马歇尔计划》和对日援助也是其中之一。从 1946 年到 1951 年，美国对日援助规模达到了日本一般年度会计收入的五分之一，日本得以顺利度过战后最艰难的时期。美国的影响力虽然因越南战争的挫败而受到影响，但是以美国为中心的自由民主主义阵营强化了其同盟网，扩大了贸易和投资，加大了对发展中国家的援助，并最终赢得了冷战。美国建立起来的自由国际秩序，不仅反映了美国的自由、民主主义、市场经济等价值理念，而且有利于美国这一规则制定者自身的国家利益。

但是，由于21世纪初的伊拉克战争，“美国治下的和平”遭到了动摇。美国没能够吸取越南战争的教训，被地球另一侧的中东沙漠绊住脚步，作为超级大国的力量和权威都受到了损害，之后爆发的世界金融危机更让美国雪上加霜。随着美国经济和军事领域遭遇致命的打击，由美国主导的单极秩序也以短命告终。

尽管如此，奥巴马政府在《国家安全战略报告》（2015年）中，仍然将其他国家的利益（“盟国和友国的安全”）和国际社会的利益（“开放的国际经济体系”、对“普世价值”的尊重、对“以法治为基础的国际秩序”的维护）放到与本国国家利益同等位置的高度。这让世界看到了一个“伟大美国”的骄傲。

然而，对新上任的特朗普总统来说，这种理想主义只是一种“伪善”和值得批判的“政治正确”（political correctness）。他主张使“破碎的美国”（*Crippled America*）再次强大起来，从“牺牲美国产业、军队、国境、财富来援助外国”的政策，向“美国国民优先”的政策大幅转变。其中揭示的是片面追求美国利益的“美国第一”（America First）思想。特朗普政府在2017年12月发表的《国家安全战略报告》中提出，要坚决维护以下四项美国“生死攸关的国家利益”：①保护美国国土、美国人民及美国生活方式（强化边境管控，改革移民政策）；②促进美国繁荣（美国将重振经济以维护工人和公司的利益，纠正长期的贸易赤字，追求公平、互惠的经济关系）；③重建国家军事力量，以实力维护和平；④提升美国的影响力。

美国一直高举的“民主主义灯塔”理念已经不见踪影，国际利益和世界利益等理想主义观点也都荡然无存。

特朗普的世界观是每个人都为追求自己利益而斗争的“经济现实主义”。要将过去为全世界服务的美国国家力量转移到美国本国上面，并获得实实在在的收益，这就是特朗普的商业外交风格。但是，高喊“使美国再次伟大”的特朗普，并没有使美国重回“伟大的国家”，反倒是把美国变成了一个“普通的国家”。

更进一步说，特朗普所说的“国家利益”只是代表美国一部分利益的“部分利益”。完全没有挖掘美国成长潜力、增强美国综合国力、获取长远利益的战略考量可言。民粹主义泛滥加上一味追求短期国家利益的特朗普政治，加速了美国的衰退。

忽视软实力的特朗普总统

特朗普政治的最大特征，正如“让美国再次伟大”这一口号所表明的那样，一切都以恢复美国的实力为目标。“美国将再次成为胜利者，而且必须是前所未有的胜利”。要想获得这样的胜利，最重要的是保持世界上最强大的军事力量，这是特朗普的政治主张，同时也容易让人想起一个世纪前西奥多·罗斯福总统的“炮舰外交”。世界最强大的军事力量再加上最强大的经济力量（市场和消费），“让美国再次伟大”的特朗普让世界哗然。

特朗普要求没有承担相应义务的同盟国增加负担，同时对贸易逆差国征收高额关税。对于批评其为保护主义的声音不屑一顾，始终把本国利益放在首位。特朗普指责中国企业抢走了美国的工作岗位、利用黑客窃取美国企业技术、中国政府操纵汇率，为了对抗中国不惜发动“贸易战争”。与此同时，美国还逐渐从《跨太平洋伙伴关系协定》（以下称 TPP）和《北美自由贸易协定》（NAFTA）等多边协议中退出，转而通过双边谈判来追求“公正”和“平等互惠”的贸易。特朗普以强硬的谈判者自居，以确保美国永远是赢家。但值得注意的是，特朗普如此态度会大大损伤美国的形象和软实力。

美国的强大不仅仅是因为拥有军事力量和经济力量。除了硬实力之外，越是大国就越应该关注软实力。约瑟夫·奈（Joseph Nye）

教授列举了作为国家软实力的“重视民主主义、个人自由、开放性的价值观”。它给苦于独裁和专制的人们带来了希望，吸引着渴望自由和成功的人们，这些都成就了作为“伟大国家”的美国。

但是，特朗普逐渐背离自由贸易、人权、地球环境保护等基本原则，对美国的“民主主义”和“开放价值观”不以为意，反复作出挑衅性发言，筑起边境高墙，继续推进反移民政策。片面追求本国利益的“美国第一”和仅仅依靠硬权力的“权力外交”在世界上招致了不满，加剧了全球范围内的反美主义，本质上来看这对美国的安全和繁荣毫无裨益。

过度强调硬实力的美国已经开始遭遇瓶颈，软实力作为一种战略资源便显得格外珍贵。中国尚未获得能够与美国相匹敌的软实力资源，虽然中国正在努力，美国应该珍视软实力作为维护世界秩序正当性的源泉。如果轻视这种力量的话，美国不可能成为世界领袖。

十、自由主义国际秩序的瓦解

流动化、液态化、无秩序化的世界将何去何从？

对这一问题的答案，与战后主导世界60多年的美国和以追求民族复兴的中国这两个大国之间的关系走向息息相关。关于中国的问题，我们将在下一章详细探讨，在这里先把目光聚集在美国，特别是因特朗普政治而滋生的自由主义国际秩序的瓦解这一问题上。

此处的“自由主义国际秩序”，是指“自由开放的、以法治为基础的国际秩序”。其得以维系至今主要依靠以下两点：第一，以联合国国际审判法院（ICJ）等联合国机构为中心的国际组织和《联合国海洋法公约》（UNCLOS）等国际条约或国际惯例（法治）；第二，以国际货币基金组织（IMF）和世界银行为支柱的国际金融体系与世界贸易组织（WTO）或 TPP 等多边贸易协定（自由且开放的国际经济体系）。现在，世界正面临这一自由主义秩序瓦解的危机。

正如之前所指出的，煽动这场危机的罪魁祸首就是特朗普的“美国第一”政策。在权力与法治、保护主义与全球化等矛盾因素的相互对立中，法治与自由贸易的光芒正渐渐暗淡。

权力与法治

在不存在高于主权国家之权力的国际社会中，依靠法治能否实现正义，主要取决于国际社会的法治是否符合大国的国家利益。并且，国际社会的法治也反映了大国国内的法治。

俄罗斯就法治提出异议。2016 年 11 月，国际刑事法院（ICC）承认克里米亚的现状是被俄罗斯占领，对此表示反对的俄罗斯则退出了 ICC（注：美国担心本国军人被起诉，因此并未加入 ICC）。在克里米亚被合并后，俄罗斯还介入了乌克兰东部的纷争，并支持了亲俄武装势力。尽管欧美各国继续进行对俄制裁，但俄罗斯却通过网络攻击、虚假新闻干涉欧美各国的政治。

该如何理解这种国际社会主要国家围绕法治问题展开的攻防之战？现实主义者们可能会这样回答，对诉诸权力的国家宣扬正义（法）只是白费心力。归根结底，对于权力，只有用权力来应对，除此之外别无其他。这就是以权力政治为特征的国际社会的现实。

特朗普总统对这一回答表示了赞成。在 2017 年末发布的美国《国家安全战略报告》明确指出，“认识到权力在国际政治中发挥的核心作用，确认主权国家对和平世界的美好愿景，并基于现实主义考量明确定义了美国的国家利益”，该报告特别强调权力、主权和国家利益。

基于这一认识，美国增加了国防开支，明确坚持世界最强军队的立场，以所谓“手持大棒，言辞温和，才能走得更远”（西奥多·罗斯福总统）的“依靠力量的外交”为志向。大国权力政治背景下对国家利益的一味追求，使法治黯然失色。

保护主义与全球化

本应维护自由主义国际秩序的西方民主国家，由于国内民族主义和民粹主义的抬头，政治重心内转，贸易保护主义沉渣泛起。

冷战后，东西方之间的藩篱不在，世界大步迈入全球化时代。

欧美、日本等企业为寻求廉价的劳动力，开始加速海外拓展。特别是在制造业领域，大部分工厂从发达国家转移到了新兴国家。这一过程客观上促进了发展中国家，特别是新兴国家的经济发展，使以中国为主的数亿人摆脱了贫困。截至目前，有 83 个发展中国家的经济增长率都达到了经济合作与发展组织（OECD）成员的两倍之多，中国成为“世界工厂”。随着廉价的中国制造产品流回美国市场，“美国制造”（Made in America）逐渐被驱逐。

在美国，有关全球化剥夺了美国制造业岗位的批评甚嚣尘上。在世界范围内，保护主义的浪潮更加汹涌。然而，这其中的一个重要变化却被忽视了，这便是以机器人为代表的机器自动化的迅猛发展。

与人类相比，机器人更加高效、安全、连续。既不必受公司的人际关系所困扰，也不必为退休金、健康保险、产假等问题而忧虑。根据美国管理咨询公司麦肯锡（McKinsey）的调查，在 60% 的职业当中，30% 的业务都可以被自动化替代。科学技术的进步也使人们重新思考人类存在的意义。

位于爱知县丰田市的丰田堤 * 工厂，其自动化生产让所有到访者都惊叹不已。在生产普锐斯汽车的巨大焊接线上排列着 150 台机器

* 丰田市内的一个地区。——译者注

人，火花四射，平均每台机器要进行 4 000 处焊接，安装 400 个零件，而周围没有一个人。这里进行的是一种超越自动化的“自动化”（品质与设备发生异常时机器能够自我感知并停止运行），以期进一步发现问题、改善品质、提高生产率。

即使是利用丰富且廉价的劳动力，主要承担组装加工环节而成为出口大国的中国，也在稳步推进制造业自动化进程。其背景是劳动力成本的攀升和熟练劳动者的缺乏（劳动人口的巅峰出现在 2010 年，达到 9 亿多，之后便开始下降）。中国沿海地区制造业每小时平均劳动力成本正在迅速接近美国的水平。中国逐渐丧失其廉价劳动力成本的竞争优势，曾带动中国经济发展的外国企业也正将其生产据点向国外转移。中国政府为提高生产率，不断推动产业结构转型升级，其中的一个举措就是自动化。虽然也有声音担忧此举会对就业造成影响，但中国旨在提高生产效率的同时通过服务业创造新的就业岗位。2017 年，消费在中国 GDP 中所占比例约为 53%，仍有较大的增长空间（美国为 70%），所以服务业存在较大的空间。如果能够将劳动力成本上升与消费扩大带来的经济增长同就业机会的增加联系起来，就可以顺利实现产业结构的转型。以此为前提，中国大胆推进产业自动化，工业用机器人销售额已居世界首位。机器人产业是“中国制造 2025”战略的重点领域，得到国家补贴等丰厚的保护待遇，可谓是迎来了黄金时代。

根据美国鲍尔州立大学（Ball State University）的调查，因机器人等内在因素失去的工作岗位要远远超过因贸易而失去的工作岗位。此外，随着IT和自动化带来的成本削减以及发展中国家劳动成本的上升，美国企业也开始向国内回流。美国的一项调查（The Reshoring Initiative）显示，美国企业的回归和海外对美投资带来的就业岗位的增加几乎弥补了被海外剥夺的就业机会。人工智能也正在掀起一场新的就业革命。

为全球化设置障碍在21世纪并不是实现繁荣的有效途径。通过吸收在“扁平化世界”中产生的新价值和技术革新，与形形色色的国家、企业共事合作，我们才可以创造出更加丰富多彩的明天。

但是，特朗普政府却与全球化背道而驰，先是退出TPP，之后又重谈《北美自由贸易协定》*，对拥有巨额对美贸易顺差的中国等国实行高额关税的贸易保护主义。不仅如此，特朗普还高喊着“购买美国商品、雇佣美国人”的口号。美国一直支持的自由开放的全球市场正从处于其中心位置的美国市场开始，一点点关上大门。

* 2018年11月30日，美墨加三国领导人共同签署新协定《美国–墨西哥–加拿大协定》（The United States-Mexico-Canada Agreement，USMCA）。至此，自1994年签订以来的《北美自由贸易协定》成为过去时。——译者注

以推特治国的特朗普，其本人的推特上也充斥着反移民和保护主义的言辞。柏林墙倒塌所象征着的“开放的国境和开放的社会”，是否也会因筑起的新围墙而成为过去？如果美国无视国际利益，放弃对自由贸易的支持，不愿为气候变化问题而努力，削减外交、开发援助、地球环境等相关预算，从世界中的贫困区和难民区撤离，世界秩序将何去何从？

美国正逐渐失去支撑自由主义秩序的意愿与能力，而崛起中的中国则充满自信，为维护自由贸易秩序贡献力量。两个大国追逐利益与权力的斗争将决定未来霸权地位的归属以及世界秩序的未来。下一章将展望中美这两个大国之间的竞争博弈走向。

第三章

中美战略竞争时代已经到来？

一、崛起的中国

新型大国关系

2008年中国举办了北京奥运会，向中华民族的伟大复兴迈出了坚实的一步。然而这一年世界却遭遇了“大恐慌”时代以来最严重的金融危机。为应对这场危机，中国政府出台了4万亿元人民币的经济刺激计划。利用这一经济刺激计划，中国维持了经济相对高速的增长，对外政策也更加积极和自信。习近平主席所提出的“奋发有为”，已经超越了之前的“积极有所作为”，预示着中国在国际事务中产生积极影响力的期望。这在某种程度上也意味着中国正式放弃“韬光养晦、有所作为”，“奋发有为”成为中国外交的政策基调。2013年访美的习近平主席向奥巴马提出的“新型大国关系”则是这一政策基调的先头兵。

2013年6月，在习近平以国家主席的身份首次访美期间，在同奥巴马总统的会谈中提出了“不冲突、不对抗、相互尊重、合作共赢”十四字方针的“新型大国关系”倡议。根据国务委员杨洁篪的解释，“新型大国关系”的核心内涵就是要摒弃零和思维，在追求自身利益时兼顾对方利益，在寻求自身发展时促进共同发展，不断深化利益交融格局。这其实跟笔者所提倡的“开放的国家利益”是具有相通性的建设性方案，但是由于中国政府的目标是“大国关系”，就具体的政策落实以及针对小国而言如何则另当别论。

2014 年 11 月在北京举行的中美首脑会谈中，习近平主席再次重申了“新型大国关系”的重要性，同时将 2012 年时提出的三原则扩展为六原则，其中主要的变动如下：①中美作为国情不同的两个大国，应该尊重彼此主权和领土完整，尊重各自选择的政治制度和发展道路，不把自己的意志和模式强加于对方；②中美在一些问题上存在分歧不可避免，双方应该坚持通过对话协商，妥善处理敏感问题，不做损害对方核心利益的事，全力维护两国关系稳定发展大局；③在亚太地区开展包容协作，宽广的太平洋足够大，容得下中美两国。

其中，①和②旨在表明中美两国不在意识形态和价值观领域进行斗争，而是相互尊重彼此的核心利益。这表明中国针对美干涉内政与和平演变而产生的警惕感以及出于本能上的反应。③则展现了中国开展大国外交的自信。特别是“太平洋足够宽广”这一认知体现了中美两国权力关系的变化，反而也加强了美国对中国的警惕心理。

“一带一路”倡议

为了有效地维护国家利益，中国利用其巨大的市场以及经济力量巧妙地开展地缘经济学外交。其中最具代表性的莫属“一带一路”倡议。有些报告指出，这项工程计划投资规模达 9 000 亿美元，这大大超过战后美国推行的《马歇尔计划》(欧洲复兴计划)。亚投行是“一带一路”倡议实施的重要载体。目前除日美两国之外，主要的西方国家均已经加入亚投行。2017 年 5 月在北京举行的“一带一路”国际合作高峰论坛，有 29 个国家元首或政府首脑出席，130 多个国家和 70 多个国际组织共计 1 500 余名代表参加本次论坛。

同年，“一带一路”倡议写入中国共产党党章，这表明中国政府将“一带一路”予以推进的坚定决心。中国政府的目标在于灵活使用巨额外汇储备以及过剩的产能，促进相对落后的内陆地区经济的发展，通过对外交流激活国有企业的潜力并且增进同沿线国家的政治关系，确保能源资源有效供给等多个面向。那么，中国的“一带一路”倡议能够在多大程度上塑造地区秩序呢?

过去很多地缘政治学者都强调过欧亚大陆在地缘意义上的重要性，其中“中心说”和“外围说”是两个代表性的观点。这些观点无论动机主张如何，它们都承认支配欧亚大陆者必能主导或者牵制世界的命运。中国政府的“一带一路”倡议由“陆上丝绸之路经济带”和“海上丝绸之路”两个部分构成，其范围可以辐射到欧洲以及非洲。这是否意味着中国希望通过“一带一路”来同时支配大陆中心和外围两个部分呢？

当前横贯欧亚的铁路正在掀起物流革命，人员、货物、资金等领域的交流日渐繁盛。在“互联互通”口号的引导下，中国同沿线国家的交流日益深入，中国的经济联系以及政治影响力也得到强化。

中国自实行改革开放政策之后，受惠于开放的国际经济体系而实现了经济高速增长。“一带一路”以及亚投行是否意味着对外开放政策的终结呢？

国际社会中不乏悲观论者，他们认为中共十九大所提倡的共产党全面领导下的社会主义市场经济会把重心向“社会主义”转移，而不再强调“市场经济”。中国的对外援助以及投资活动也给当地社会的劳工雇佣以及环境保护带来压力。在欧洲，有部分企业担心中国廉价的产品会占领欧洲的市场，而企业间的兼并又增加了它们对技术转移的担忧。国有企业是中国对外投资的领头羊，由于政府贷款激励国有企业对外国的投资，这在美国掀起了对中国“新重商主义”的担忧。它们担心的是中国政府以投资的方式垄断资源、能源等战略物资。由于“一带一路”倡议中的部分项目工程经过印巴之间有领土争端的克什米尔地区，这也引起了印度的担心并遭到其反对。

与之相对的是乐观论者。他们对中国的国际化、中国在经济发展中的引擎作用以及商业带来的和平抱以极大期待。亚投行参照世界银行以及亚洲开发银行（亚开行，ADB）的投融资标准，充分满足亚洲庞大的基础设施需求。公路、铁路等道路建设促进了人力、物力要素的流动，给那些尚未受惠于经济全球化的人们带来了参与机会，增加了雇佣和收入，也给当地社会带来稳定，此举难道不是可能代替“美国治下的和平”（Pax Americana）的中国版本吗（Pax Sinica）?

中国的亚洲秩序构想

2014 年习近平在主持召开国家安全委员会第一次会议时提出了“总体国家安全观”的主张。其中值得关注的是，中国的“总体国家安全观”既重视自身安全，又重视共同安全，打造命运共同体，推动各方朝着互利互惠、共同安全的目标相向而行。

2014 年 5 月，习近平在亚洲相互协作与信任措施会议（亚信会议，CICA）上指出，亚洲的事情归根结底要靠亚洲人民来办，亚洲的问题归根结底要靠亚洲人民来处理，亚洲的安全归根结底要靠亚洲人民来维护，并提出“共同、综合、合作、可持续的亚洲安全观”，呼吁亚洲各国共同维护亚洲的和平与稳定。习近平主张将亚信会议作为亚洲各国进行安全对话的平台，这表明中国在亚洲安全保障框架机制建设领域的最新构想。当然，这也被外界解读为对冲美军在亚太地区军事存在的一种积极尝试。

2014 年 7 月，习近平在韩国首尔大学的演讲中提到“亚洲是亚洲人民的亚洲”，同时他也强调“亚洲也是世界的亚洲，对一切为亚洲和平与发展贡献正能量的意愿和行动，我们都持积极态度”。这表明，中国政府对“一带一路”、亚投行持开放包容的态度，对任何有利于亚洲更好发展的区域性合作框架持欢迎态度。

2015 年 9 月，习近平出席联合国大会一般性辩论并发表讲话时，则提出了构建以合作共赢为核心的新型国际关系，并特别强调了打造人类命运共同体的主张。

中国在 2017 年 1 月发表的《中国亚太安全合作政策》白皮书中提倡伙伴关系建设，走“对话而不对抗、结伴而不结盟”的新路，共建互信、包容、合作、共赢的亚洲伙伴关系。中国的伙伴关系模式完全不同于美国传统的同盟模式，可以看作对美国同盟网络结构的替代。

亚洲的国际秩序因中国的“大国外交”开始逐渐发生变化。日美等国的专家学者们大多认为，中国的“大国外交”是在韬光养晦战略下的国际合作路线所积蓄力量的基础上向着“积极有所作为”甚至“奋发有为”层面的迈进。这其中有两个方面的动向尤其值得注意：第一，对于中国的核心利益，不存在让步的余地，奉行哪怕诉诸武力也在所不惜的积极防御政策；第二，以强大的综合国力为背景，通过“新安全观”“一带一路”等倡议，为亚洲新秩序的形成积极作为。对于中国的上述动向，日美两国的反应最为敏感，因为在这两个国家看来，中国此举实为通过海洋强国战略而变更现状的行为，日美两国对此高度警惕。对此，美国针对中国在南海建造人工岛的行为以“航行自由”为由予以发出警钟，而日本则对中国海警船、军机进出钓鱼岛的行为保持机动应对状态。

二、“中国梦”：两个大国、不同的梦想

2012 年 11 月，中国共产党中央新一代领导集体诞生之后，习近平与其他六位常委一道前往国家博物馆参观“复兴之路”展览，习近平在参展的讲话中首次提出了“中国梦”的主张。

我认为，实现中华民族伟大复兴，就是中华民族近代以来最伟大的梦想。这个梦想，凝聚了几代中国人的夙愿，体现了中华民族和中国人民的整体利益，是每一个中华儿女的共同期

盼。历史告诉我们，每个人的前途命运都与国家和民族的前途命运紧密相连。国家好，民族好，大家才会好。实现中华民族伟大复兴是一项光荣而艰巨的事业，需要一代又一代中国人共同为之努力。

美国在20世纪跃升为超级大国，“美国梦”曾在世界各地独领风骚，也不断塑造着美国社会的基本结构。那么，在被认为是“中国治下的和平”的21世纪，“中国梦”将在何种程度上塑造中国、改变世界？为此，我们需要来认真思考并回答这一疑问。

首先需要回答的是“中国梦”的主语，究竟是谁的“梦”？

“美国梦”在大多数时候意味着机会均等、平常人只要足够勤奋努力就能获得更好的生活，即人们必须通过勤勉、智慧和勇气走向繁荣，这是自由民主的资本主义大国给每一个国民的梦想。相较过去无论努力与否都吃“大锅饭”的社会主义国家，“美国梦”给国际社会的冲击有目共睹，苏联、东欧等社会主义国家也在20世纪的尾声崩溃。但是，通过改革开放以经济建设为中心的中国作为社会主义国家却没有受到这股潮流的影响。更令人意外的是，中国的经济发展有声有色，不仅实现了有史以来的周期最长、速度最快的经济增长，中国也成为世界经济增长的引擎。比较而言，随着中产阶级的没落以及贫富差距的拉大，“美国梦”黯然失色，低增长、通货紧缩、财政赤字、人口减少、少子老龄化的日本甚至都没有资格谈论梦想。

现在正谈论梦想的是中国，这展现了中国的一种上升势头。但是，需要确认的一个问题是“中国梦”究竟是“谁”的梦？在习近平的讲话中，“中华民族”和“中国人民”这两个短语被使用的频率最多。只有国家发展、民族复兴才能实现每一个人的理想。也就是说，“中国梦”指的是作为国家的“中国的梦想”（the China's dream）、“中华民族的梦想”（the Chinese nation's dream）以及“全体中国人的梦想”（the Chinese dream），所有这些都是“中国梦”的组成部分。所谓“中国梦”，是集“国家富强、民族复兴、人民幸福”于一体的梦想。国家、民族、个人所构成的“命运共同体”是中国梦的主体，这有别于个体导向的“美国梦”，而成为有“中国特色社会主义的梦想”。在欧美国家，国家与国民之间屡生龃龉，或许对于西方国家而言有点莫可名状，而中国却实现了有机融合。

“百年马拉松”与美国的焦虑

国家、民族、个人三位一体的“中国梦”，其共同的目标是什么呢？

中国的目标是“两个一百年”。第一，到中国共产党成立一百年

（2021 年）时，全面建成小康社会，使国民经济更加发展，各项制度更加完善；第二，到世纪中叶新中国成立一百年（2049 年）时，基本实现现代化，建成富强、民主、文明、和谐、美丽的社会主义现代化国家，人均 GDP 达到中等发达国家水平。

在此可以明确的一点是，“两个一百年”的长期目标是人民富裕、国家富强。国家要富强，则必须有强大的军队作为后盾。中国自 1840 年鸦片战争以来，屡遭列强蹂躏，其根本原因是列强的军事力量远远强于中国，中国从“百年国耻”的惨痛教训中显然意识到强军的重要性。

对此，美国国防政策顾问白邦瑞（Michael Pillsbury）却给出了不一样的解读。在他看来，2049 年正是中国主导世界秩序之时，白邦瑞据此将中华人民共和国成立至 2049 年的这一百年视为从美国手中争夺霸权的“百年马拉松”。根据白邦瑞的分析，美国对华政策最大的失败在于被中苏对立冲昏了头脑，没能正确认知中国的反美感情，美国自信地认为，“只要帮助落后的中国，其就会转型成为民主且和平的大国”。中国的战略则是隐藏自己的野心，尽可能获得美国的经济、政治支援，等待国力强盛之时再展现其夺取霸权的野心。因此，1972 年的中美历史性和解并不是尼克松与基辛格外交的胜利，而是中国对美战略的胜利。近些年认为美国对华接触战略失败的学者不在少数。中国乘美苏冷战坐享渔翁之利，在“韬光养晦”政策的掩护之下，相继获得美日等国的支持不断积蓄经济力量而等待时机到来。当两个超级大国对立竞争循环往复、苏联最终解体之时，美国也已是疲惫之态。在不知不觉间，中国迅速崛起，当美国意识到这一状况时，为时已晚。在美国，这种对华认识和分析范式较为普遍。

特朗普政府2017年发表的《国家安全战略报告》中认为，之前中国已经充分融入国际组织和全球贸易体制，因而是一个可资合作的竞争对手的研判是错误的，美国需要重新制定对华政策。

日本对华援助与中国的动向

笔者在20世纪90年代约有四年的时间直接参与日本外务省的政府开发援助（ODA）项目。当时，中国是日本ODA的最大援助对象国之一。日本对华援助始于1979年大平正芳首相访华之后，大平首相认为富裕起来的中国更加有利于世界的和平与稳定。基于这样的初衷，日本开启了以日元贷款为中心的官方发展援助，这项援助不仅有效地支持了中国的改革开放事业，同时也为稳定中日关系奠定基础。日本外务省针对对华援助作出如下评价，“日本对华ODA为亚洲太平洋地区的稳定作出了贡献，同时也为改善日本企业在华投资环境以及日中民间经济关系的发展贡献了力量”，我认为这一评价是十分中肯的。[1]

恰恰是因为来自日本的援助，日中两国20世纪80年代至90年代经济关系稳定发展，虽然两国之间存在诸如历史认识以及台湾问题等结构性矛盾，但是总体上趋于稳定。1989年政治风波之后，虽然西方国家对中国开始了大规模的经济制裁，但日本认为国际社会不应该孤立中国，于是率先解除了对中国的制裁。当然，在此之后也有一些不愉快的事情发生，1992年天皇夫妇计划访问中国，就在此时中国制定并通过了《领海法》，明确记载钓鱼岛是中国领土。日本政府虽然通过外交手段表示“抗议”，但是对华援助和天皇访华依计划进行。中国积极参与国际组织、融入国际社会的进程也没有被打断，当中国摆脱国际社会的孤立后，伴随着邓小平的南方谈话，中国改革开放事业大踏步迈进，2001年终于加入世界贸易组织，中国向着经济大国化迈进的步伐一发不可收拾。因此，美国对于当今中国在经济、军事、高科技、太空等领域突飞猛进的发展抱有危机感也是理所当然的事情。

等到“中国梦”基本实现的2049年，中国将成为怎样的强国呢？大国权力转移过程中的“修昔底德陷阱”所引发的战争注定不可避免吗？东亚地区的秩序将发生何种变化？中国的崛起不仅仅对于日本，对于世界很多国家的国家利益而言都是具有直接关联性的课题，在某种程度上来说甚至是21世纪最大的课题。

三、中国将要超越美国吗？中美之间的权力转移

21世纪权力转移的大幕始于2001年，这一年在美国发生了“9.11”恐怖袭击事件，中国于同一年加入世界贸易组织。

美国本土遭遇了前所未有的袭击，超级大国财富与权力的象征性建筑物遭到的破坏引发了美国民众对恐怖主义的恐惧以及报复心理。美国随后发起了以反恐为名义的阿富汗战争和伊拉克战争。两场战争所造成美军人员伤亡的数量远超越南战争，美国也因为这两场战争消耗了元气，更重要的是其道德感召力受损。这两场战争给美国国内社会带来的消极影响显而易见，战争结束不久，美国就陷入了20世纪30年代以来最大的经济危机，这场危机随即蔓延到全世界从而成为全球性的金融危机。美国国内约有900万人因为这场危机而失业，“中间阶层的没落”也开始于这场危机。

在此期间，发展中国家得益于经济全球化而实现本国经济的高速增长，在国际社会中的存在感日趋增强。其中，中国的崛起备受瞩目。改革开放政策释放了13亿人的活力和热情，中国加入世界贸易组织之后，欧美日等发达国家的大量投资流入中国，中国开始成为世界工厂以及消费市场。终于，中国于2010年超越日本成为世界

第二经济大国。21 世纪初期占世界 GDP 总量 32% 的美国，其比例缩小至 24%，对中国 GDP 的比例也从此前的 8 倍锐减至 1.6 倍（如果根据购买力平价计算，中国已经超越美国）。

随着经济的崛起，中国的国防预算也随之增加，军事力量顺势增强。目前，中国与美国在军事技术上的差距逐渐缩小，在未来军事领域将发挥主要作用的网络空间、航天技术、电子技术等领域的研发也取得突破性进展。

可以说，中美之间的权力转移正在以史无前例的规模和速度推进。那么，中国是否能够成为凌驾于美国之上的超级大国呢？

中国能否超越美国？

当然，可能性是存在的。但是，仍然有如下几点值得注意。

第一，GDP 不是衡量经济实力的唯一标准。除了 GDP 之外，还需要考虑市场规模（美国进口占世界进口总量的比例是 13.4%，中国是 9.6%）、资源储藏量（美国的页岩气革命占据优势）、科技水平（诺贝尔奖数量、知识产权保护）等因素。此外，经济实力向军事实力的转化能力以及如何处理经济增长过程中所产生的社会问题（如贫富差距、环境污染和破坏等），也是应该综合考量的因素。

第二，美国强大的军事力量仍然是任何一个国家无法匹敌的。美国庞大的航母战斗群以世界为内海，美国强大的核打击能力以及遍布世界的军事同盟网络确保了美国军事力量独一无二的地位。美国在全球范围内有北约（27 国）、日本、澳大利亚、韩国等具有条约关系的军事盟国，此外还有以色列等事实上的同盟国，以及印度、墨西哥、巴西等伙伴国家。美国在世界超过 70 多个国家和地区拥有 600 多个军事基地（包括雷达设施），美国军事力量的强大无出其右者。

第三，国家的权力不限于经济、军事等硬权力。美国在货币金融体系中的权力（美元作为世界货币的地位）、情报信息能力（作为国际通用语的英语、全球性的媒体、最尖端的 IT 技术）、道德感召力（自由、人权、法制等自由主义价值）、生命力（先进医疗以及丰富的自然环境）、大学教育、娱乐（好莱坞）、人道援助等在西方世界被普遍视为软权力的要素领域占据优势。除此之外，国民素质（移民的贡献）、地理要素（周边安全环境）等也是需要考量的要素。

例如，就地理因素而言，中国陆地部分与 14 个国家接壤，其中包含印度等与中国存在领土争端的国家，中国内陆的新疆维吾尔自治区从宗教的角度来看又与中亚邻国有着天然的联系。中国因为参与过朝鲜战争和越南战争，与这两个国家存在着微妙的关系。沿海地区虽然经济发达并且与世界接轨，但在安全上直接与美国及其同盟国构成的第一岛链直接对峙。从地缘政治学的角度来看，美国相比于中国可谓得天独厚。美国国境南北毗邻墨西哥和加拿大，而这两个都是对美国友好且军事力量并不那么强大的国家。东西则是大西洋和太平洋这样的天然屏障，可以有效保障美国的国家安全。

如此来看，美国依然具有作为唯一超级大国存在的能力和条件。中国在 GDP 领域超越美国仅仅是经济领域对美国的领先，但并不意味着全面超越美国。当然，中国也意识到上述可能存在的劣势，并且已经采取各种措施予以补强。

中美政治经济模式的比较

当然，美国也不是没有短板。其中比较突出的短板原本是美国的优势，那就是美国的民主。近些年民粹主义的盛行可以视为对美国民主的践踏。国内政治中党派的尖锐对立导致国会功能失调，国内贫富差距拉大，美国社会开始走向分裂。这一状况给美国的繁荣投下阴影。

首先，特朗普致力于增加国内就业而大肆推行贸易保护主义政策。这导致了贸易战争以及世界贸易额的缩水，伴随着限制移民等措施的实施，极有可能引发通货膨胀以及经济萧条等滞胀现象。特朗普应该能够想到制造业就业机会的减少不能忽视工厂自动化特别是大规模投入机器人的影响。其次，特朗普的政策损害了美国的多样性以及普世价值理念，也妨碍了美国从全球网罗人才、吸引资金、鼓励创业以及促进技术革新的激情与活力。

曾经，奥巴马政府时期的副总统拜登针对中国说过这样一番话：

> 相较于中国，美国在言论自由、人权、法治等领域更具有优势。只有在自由开放的社会中，才能实现长期发展和繁荣稳定，美国正是凭着这些因素才发展到今天如此强大的境地。

那么，时至今日，我们还有理由来期待美利坚合众国的这种强大吗?

中国是共产党一党执政的国家，共产党在制定国家内外政策时发挥着主导性的作用。西方学术界经常以“国家资本主义”来形容当前的中国。国家支持企业的研发以及创新，以此来提高企业的国际竞争力，促进从世界最大的消费市场向科技创新的中心转变。中国政府提出的“中国制造 2025”战略目标，计划到 2025 年实现在机器人、人工智能、无人驾驶、大飞机等高新技术领域达到美国同期水平。中国有着世界上里程最长的高速铁路，在基础设施输出领域也不断蚕食日本的根基。在强大的中央政府的引导下，中国制定了成功的产业政策。外国的技术、国内的能力、市场的需求、政府的资金支持等多方因素合力，使得中国企业在同海外企业竞争时获得压倒性优势。相较于日本企业高管的墨守成规，中国的企业家们敢闯敢干，当面临选择的时候，他们往往能够化风险为机遇。深圳就是这么一群敢闯敢干的实干家们集聚的地方，充满活力和竞争。在自由主义世界秩序风雨飘摇之际，中国风景这边独好。面对美国的“华盛顿共识”，中国以“国家资本主义”模式（“北京共识”）开始展现出越来越大的自信。

四、美国的战略

亚洲的均势

从朝鲜半岛经冲绳、中国台湾岛、菲律宾到越南的这条线是美国所主导的同盟、友好合作国家和地区所组成的第一岛链。该岛链以防范和围堵中国为首要目的，从而构成了所谓的海上军事长城。中国当前所要做的就是突破第一岛链，将触角伸到西太平洋乃至更远的海域，在那里进行远洋航行以及常态化的军事演习，今后这一政策恐怕也不会有太大变化。

此外，中国作为世界上最大的石油进口国，从中东经马六甲海峡到中国南海的这条海上通道，也被中国视为经济生命线。如果中美出现冲突，这条大动脉必堵无疑。习近平主席所提出的“一带一路”倡议，在海上丝绸之路建设中特别强调沿线国家关键港口的衔接。当中国的经济力量向着全球化发展，其国家利益的外延也在不断发展，中国只有通过海洋强国战略来维护其国家利益。随之而来的是，中美两国在地缘政治上对峙的风险将会增加。

面对美国国力相对衰落的现状，奥巴马政府也不得不放弃两面作战，将重心重新放在亚洲，这就是“亚太再平衡”战略的出发点。特朗普政府虽然退出了奥巴马时期主推的TPP，但是在军事安全领域继续奉自由航行原则为圭臬，将太平洋部队改组为“印度太平洋部队”，并郑重其事地提出了“自由且开放的印度洋·太平洋战略”。

从军事角度来看，美国作为世界大国，不得不维护中东以及欧洲等地区的稳定。中国作为地区性大国，只需要将精力放在周边地区即可，从均势的角度来看，美国在东亚地区并不占优势。因此，2017年美国《国家安全战略报告》指出要争取美军在印太地区的优势地位。对此，中国也不甘示弱。早在1995—1996年“台海危机”的时候，美国的航母战斗群已经感受到了中国弹道导弹以及潜水艇的反介入区域封锁能力。配备新功能战斗机的空军以及航空母舰可以保障中国在外海的军事活动。中国只需要确保在第一岛链内的军事优势，就足以保障其海洋航行通道的安全。对于美国而言，最合理的选项则是联合第一岛链附近的同盟国以及友好国家，在岛链内部、岛链上以及外围对中国的行为进行遏制。

美国的同盟网

特朗普总统对其军事同盟国的主要不满是美国对盟国负担太多，从而要求各盟国更多负担美军的压力。这也不是近些年才有的问题。北约虽然明确要求其成员国的军费应维持在GDP的2%以上，但实际上达到这一标准的只有美国、英国等五个国家。疲惫的超级大国已经不堪重负，“搭便车”的逻辑越来越行不通，各同盟国也清楚适度增强本国的防卫力量从安全的角度看是符合其国家利益的选择。对此，日本的财政贡献最大，美国国防部长马蒂斯（James Norman Mattis）曾以“同盟国的范本”来高度评价日本对驻日美军的财政支持，特朗普也在多个场合向日本表达了谢意。根据2004年美国防部发表的数据显示，2002年日本对美军驻防的经费负担比例为74.5%，德国和韩国则为32.6%和40%，此后国防部没有发表过相关数据，日本防卫省2015年的数据显示，日本的防卫负担比例已经升至84.5%。当然，军费与GDP的百分比来看，日本只有0.99%，而美国则达到3.32%，德国为1.18%，韩国为2.64%，都高于日本。

但问题的焦点在于美国单方面要求同盟国增加防卫负担，却没有认真考虑过防卫负担同经济政策的一惯性。同盟国希望通过TPP和TTIP这种纽带来强化同美国的关系，然而美国却违背了盟国的意愿。片面地希望同盟国付出，却考虑本国商业利益而拒绝在经贸领域深化盟国之间的合作，显然这是违背同盟理念的行为。

五、中美战略竞争局面的形成

“修昔底德陷阱”

现实并不允许新兴超级大国候选与衰退的超级大国之间的关系和谐地发展。特朗普总统致力于“让美国重新伟大”(Make America Great Again)，而习近平主席则视“中华民族的伟大复兴”为“中国梦”。两位领导人所追求的伟大国家能否避免“修昔底德陷阱”呢?

特朗普总统的贸易顾问彼得·纳瓦罗（Peter Navarro）在其著作《即将到来的中国战争》(*The Coming China Wars*）中也专门提及“修昔底德陷阱”，并援引第一次世界大战的案例认为中美之间发生战争的可能性非常高。

当然，从历史的教训中学习与当下的国际关系现实并不能简单类比。从单一的历史现象出发推出必然结论的方法通常是危险的。第一次世界大战的背景十分复杂，当时的英德关系也不同于当今的中美关系。纳瓦罗从单向度的历史出发推论出中美战争不可避免这一结论极有可能陷入“自我实现的预言”的风险。崛起国如果能够理性控制自己的行为，守成国如能同崛起国进行相应的责任均摊，那么崛起国与守成国即使成为对手，也不至于兵戎相见。当然，如何把握这种平衡则考验着政治家们的智慧。

习近平主席对“修昔底德陷阱”这一说法予以明确否定，并提倡以“不对立、不冲突”为主要特征的“新型大国关系”。当然，美国人并不一定买中国人的账。美国认为在当前中国还不具备挑战美国的实力的条件，“新型大国关系”等说辞说到底仍然是一种韬光养晦策略。

特朗普政府出台的《国家安全战略报告》将中俄两国视为战略竞争对手，因为这两个国家“利用技术、宣传以及强制等手段，寻求挑战美国影响力、价值观和财富”。为此，美国以削减外交预算为代价在军事领域大幅增加军费预算，增强核战斗力量。

中美贸易战

当前中美之间对抗最明显的表现就是贸易战。

位居世界第一和第二的两个经济大国之间的差距正在缩小，经济领域的竞争和摩擦在所难免。但是，中美两国的竞争和摩擦具有特别的意义，因为这关系到决定未来霸权归属的高科技领域的竞争。

纳瓦罗尖锐地批评中国对知识产权的侵害，并对中国支配未来产业的意图表达了担忧。2018 年 6 月白宫发表的白皮书指出，中国侵犯知识产权的手段多样，其中黑客攻击、商业间谍、兼并美国技术企业以及通过对华投资的企业获取技术等是比较常见的手段。这些手段在美国看来是非法的行为，中国通过非法的手段攫取了利益，同时也在高科技领域紧跟美国的步伐。无论是从知识产权到安全保障领域，美国对中国的警惕是全方位的。当然，美国更担心的是中国可能在高科技领域实现对美国的弯道超车。美国忌惮于技术含量迅速提升的中国企业通过物美价廉的产品抢占美国的市场，美国对高科技产业的保护，也是中美贸易战的题中应有之意。在2017年版的《国家安全战略报告》中也特别强调要坚决打击不公平贸易行为和窃取知识产权行为，并采取新的措施来保护美国国家安全的工业和创新基地。

2018年，美国针对中国对美出口的商品加征关税，并扩大了对华制裁的力度，对此中国采取了针锋相对的措施，贸易战一触即发。特朗普总统自信能够在与中国的贸易战中占据上风。加征报复性关税对于进口较多的美国而言比较容易扭转局面。但是，进口商品价格的上升则会导致中间产品制造成本的增加以及消费品价格的上升。贸易战导致民族主义高涨，极有可能导致双方国民对对方产品的抵制。总的来说，贸易战会损害中美两国的经济，这不仅会动摇当今世界的自由贸易体制，而且也会在政治和军事领域制造紧张氛围并增加中美两国相互间的敌意。

中美关系已经进入危险的十字路口。中美之间围绕尖端技术的竞争日趋白热化。中国的技术实力在军用、民用两方面都得到了迅速提升，且价格低廉，这对于包括非洲在内的发展中国家来说很有吸引力。例如，在通信基础设施建设方面，广泛的通信基础设施建设意味着中国增加了其“联结性”（connectivity）。美国对中国这种日益增强的地区影响力高度警惕。

中美间更为严重的矛盾是，有观点认为技术霸权不仅会导致经济霸权，还会发展为军事霸权。在美国的权力中枢、议会、媒体、智库之中，越来越多的人把中国国家主导的强化高科技产业的政策看作对美国技术霸权的挑战。美国国内对中国警戒感的蔓延使得美国的对华政策更为严峻。

从中短期来看，对华为技术采取禁运的不仅是美国企业，该项措施也包括停止第三国向华为供应支持其技术的零部件，进而影响华为技术的生产和销售。此举也关系到全球供应链的分化与重组。但从中长期来看，这也可能会加快中国企业进行技术自主研发与生产的步伐。这样一来，世界很可能将会被“数字屏障”所割裂，加速形成由两种技术生态系统所产生的各自独立的两极。这对于世界繁荣来说绝不是在做加法，给中日间的经济合作也带来了阻碍。

要避免中美两国的冲突，既要注意到两国竞争与合作同时存在的客观现实，同时两国也要切实承担起作为世界大国的责任，在思考国家利益的同时还要考虑国际利益和世界利益。为此，协调与合作是必需的选项。

外交的重要性与亚洲的价值

我对美国的一个担忧在于，一直以来被认为是联邦政府二号人物的国务卿以及人才辈出的国务院的影响力日趋下降。一直以来国务卿深受媒体与国民信赖，在外交与安全领域直接向总统建言，即使在国际上其存在感也明显高于美国政府其他阁僚，但如今其存在感却有所消弭。这是因为美国政府削减了外交以及对外援助等部门的预算，国务院也很难留住优秀的人才。国际社会所担心的不仅仅是美国国务院地位的下降，同时还有全球范围内美国外交以及国际协调能力的衰落。

外交与内政有着密不可分的联系，在外交日益受制于国内民族主义以及民粹主义的当今时代，国与国之间已经无法进行冷静的对话与谈判。反过来，恰恰是处于这样危机的时代，才更能够彰显出外交的重要性，当然其关键在于外交手腕和方式。

国际政治学的泰斗摩根索曾经指出，外交主要通过三个手段得以实现，即说服、让步与强制。对于这三个手段不能过度依赖其中一个，而是将三者有效结合，才能确保交涉的效果，并有利于状况的改善和问题的解决。

中国强调“核心利益”，美国强调“美国优先”，这让彼此之间的说服和让步变得困难，最后只能够通过强制外交来解决问题，毫无疑问这会造就中美之间的紧张关系，让亚洲更加分裂，让世界更加不安。

中国的 GDP 占据亚洲 GDP 总量的半壁江山，贸易额则占三分之一左右，是多数亚洲国家最大的贸易对象国（亚洲国家进口额最多的国家不是美国而是中国）。随着中国对外投资的增大以及人民币国际化程度的推进，亚洲各国更容易受到中国经济的影响。

对于亚洲的中小国家而言，它们面临着在超级大国候补以及疲惫的超级大国之间进行选择的困境，经济利益和安全保障孰轻孰重？亚洲国家显然已经将正在发生的权力转移看在眼里，其中亦不乏作出政策转向的案例。其中“转向中国”（China Povit）的菲律宾总统杜特尔特是代表性案例。他曾经公开指出：“如果中国或俄罗斯有意开创新秩序，我将第一个参加。”

国际秩序既是权力体系，也是价值体系。中国已经具备通过权力来改造国际秩序的能力。那么，中国能够像国际社会提供的价值是什么呢？关于这一点，我们尚没有明确的答案。其实无论是在中国还是在亚洲，并没有能够与欧美的自由主义相匹敌的价值体系。

为了追寻亚洲的价值，日本学者竹内好得出的结论是“作为方法的亚洲”，但这并不是结果而只是认识亚洲的一种方法。关于这个问题仍然需要中日两国以及亚洲的政治家以及知识分子去思考，因为毕竟认真思考和讨论亚洲秩序的时代已经到来。

第四章

日本在东亚地区的国家利益

一、日本的国家利益是什么

正如本书第一章和第二章所述，国家利益关系到国家和国民的生存安全，这是国际社会所公认的关系生死存亡的国家利益，日本在这一问题上也不例外。但是，和平并不是实现国家利益的必要条件。以确保和平为前提，国民有追求物质财富和精神生活的权利。繁荣是仅次于和平居于第二位的国家利益。因此，“国家与国民的安全与繁荣”在任何一个时代都是毋庸置疑的国家利益。

日本 2013 年版的《国家安全战略报告》在此基础上将维护“自由、民主、对基本人权的尊重、法治等普世价值和规则的国际秩序”作为日本重要的国家利益。将价值置于国家利益的高度，在部分现实主义者看来难免有违和感。在笔者看来，动摇日本国家利益的三个问题分别是：朝鲜核问题、贸易保护主义的扩散、自由主义国际秩序的瓦解。

第一，来自朝鲜的核导弹威胁，这是动摇国家与国民安全这一国家利益基础的重要问题。

对于日本而言，国家与国民的生存与安全这一生死攸关的国家利益所受到的直接威胁来自朝鲜，因为日本被完全置于朝鲜核导弹的射程范围之内。朝鲜一旦同时发射多枚搭载核弹头的导弹，日本的反导系统无法有效拦截，那么日本本土将遭受灾难性的打击。当然，朝鲜半岛牵一发而动全身，它以美朝关系为中心，影响到朝鲜半岛南北两个国家的关系、中朝关系、中美关系、俄美关系、中韩关系、日朝关系等。同时对国际社会而言，朝鲜半岛问题关系到联合国安理会功能的走向以及国际社会对大规模破坏性武器的认知，更会影响到日美韩军事合作以及日美同盟的走向。一旦作出误判极有可能引发核战争，因此是相关各方都不得不谨慎处理的重大安全问题。

第二，全球贸易保护主义的压力增大，严重影响日本经济繁荣这一国家利益的实现。2008 年全球金融危机给世界经济予以重创，贸易保护主义由此蔓延开来。2016 年特朗普上台，美国作为世界第一大经济体成为了贸易战的“震源”，保护主义势头更加猖獗。日本自然资源匮乏，因此一直将制造业、贸易和投资置于实现经济繁荣的支柱地位，支持自由贸易，并为此积极展开外交。对于当下的这股“逆流”，日本应当如何应对？以及对待中国“一带一路”倡议的态度，这都是当下日本经济外交应该重新思考和审视的问题。

第三，则是第二章中论述的“自由主义国际秩序瓦解”带来的混乱与风险。日本在战前曾试图通过军事力量打破现状，退出国际联盟，挑战国际秩序。其结果确是失去了国家和国民的安全与繁荣这一国家利益。战后的日本决心成为对国际社会负责的国家，将国际合作作为外交的基础，非常重视联合国和关税及贸易总协定（此后的世界贸易组织）等国际组织的作用，维护以普世价值为基础的自由主义国际秩序。而这样的国际秩序如今却面临着分崩离析的深刻危机。英国脱欧、极右翼政党崛起带来了欧洲政治经济上的混乱，特朗普政权奉行的“美国第一”原则酝酿着严重的危机。日本能够做什么？日本应该做什么？尽管日本的军事力量受到制约，经济实力也显著衰退，但日本国内政权稳定，外交上不断展现出积极性和创造性。

二、来自朝鲜的核威胁

1. 朝鲜半岛局势的剧烈变化

朝鲜的核导弹试射与国际社会的反应

朝鲜半岛在地缘政治上具有重要意义，历来就是大国之间博弈的重要舞台，围绕朝鲜半岛的战争与冲突不断发生。1950 年中美两国卷入朝鲜战争，该战争夺去了数百万人的生命。三年之后停战协定得以签署，朝鲜半岛以北纬 38 度为界南北双方妥协，朝鲜与美韩盟军之间的对峙与紧张关系持续至今。在此期间也断断续续发生小规模的冲突。1996 年，朝鲜与韩国之间发生了“朝鲜特种部队渗透事件”，为此韩国进行了为期约 50 天的追捕突击。2010 年发生的“天安舰事件”则让南北关系跌至谷底。

当然，朝鲜给国际社会带来最大冲击的还不是断断续续的军事冲突，而是朝鲜的导弹试射给周边国家以及国际社会带来的威胁。随着东欧剧变、苏联解体、中韩建交等重要事件的发生，冷战结束之后的朝鲜在国际社会中日益孤立，为了维护现有的体制，进行核试验并试射核导弹成为了一种本能的生存需求。

其间围绕朝鲜的核问题也有过对话。1994 年美朝之间达成《朝核问题框架协定》。2005 年第四轮六方会谈达成共识，朝鲜表示将放弃核武器及现有核计划。韩国总统金大中和卢武铉相继访问韩国，并实现了南北首脑会谈。日本首相小泉纯一郎访问朝鲜，在两国共同发表的《日朝平壤宣言》中致力于解决日本人绑架问题、核试验问题等，其最终的目标是实现日朝邦交正常化。

但是，这些对话和共识，以及联合国安理会的制裁等措施并没有使朝鲜走向无核化的道路。对于没有核武器且没有核保护伞的朝鲜而言，“拥核”是能够让朝鲜的主权和领土以及国民的安全避免遭到美国核打击的必要措施，是直接关涉朝鲜生死存亡的国家利益。

伊拉克萨达姆和利比亚卡扎菲政权的结局更强化了朝鲜当局的上述认识。伊拉克和利比亚因为没有（或放弃）研发核武器而导致政权终结、生灵涂炭，年轻的朝鲜领导人对于核武器的执念可能更甚于其父辈和祖辈。

2012 年，朝鲜首次将“拥有核武”写进宪法。2013 年，朝鲜进行第三轮核试验（在金正恩时代尚属首次），劳动党中央委员会全体会议通过决议“实行经济建设与核武力建设并进路线”（2018 年 4 月，该会议认为“并进路线”已经完成历史使命，宣布将重点转移到经济建设上）。2016 年，朝鲜再次进行核试验，并宣布朝鲜的核技术已经进入先进国家行列。2017 年 11 月，朝鲜进行洲际弹道导弹试射，美国本土已经在朝鲜导弹的射程范围内。至此，来自朝鲜的直接威胁已经不再单单指向韩国和日本，美国已经开始忧虑自身的安全了。美国国内一片哗然，其中先发制人的声音不绝于耳，甚至关于“鼻血作战”（a bloody nose strike）的“有限攻击”主张一度提到议程之上。对于朝鲜核试验的行为，联合国安理会也一致通过了制裁决议案。

2．半岛无核化的前景与日本的战略

在受到来自国际社会的军事、经济多方压力之后，朝鲜当局以“平昌冬奥会”为契机发起“和平攻势”。朝鲜提出“无核化”主张，并积极寻求同韩国以及美国领导人进行首脑会谈。在此期间，国际社会的经济制裁并没有减弱的态势，中国对边境贸易的管控强度没有松懈，因此朝鲜的经济形势不容乐观。同时，特朗普政权也调整了对朝政策制定的团队，对朝强硬派掌握主动权。如此种种更加剧了朝鲜当局的不安，金正恩委员长闪电访华，同中国国家主席习近平就朝鲜半岛问题进行深入交谈。朝鲜在获得中国方面肯定性的回应之后，随后同美国总统特朗普进行了历史上首次美朝首脑会谈。

美朝之间围绕半岛无核化以及和平体制的构建这一非对称交易存在较大的鸿沟。美国所主张的无核化是“完全彻底、可查证的、无法逆转的无核化”（complete，verifiable，and irreversible dismantlement，下文简称“CVID 原则”）。而朝鲜追求的是以和平协定来替代停战协定，同时主张美国放弃对朝鲜的敌视政策。两国都主张“放弃”，但放弃的内容却有着本质性差异。美朝之间交涉的历史记录以失败居多，双方的不信任感根深蒂固，上述目标非一朝一夕可以达成。

半岛无核化的走向关乎日本的国家利益。在此情况下，日本该采取何种战略值得深入思考。对于日本而言，在当前“对话与压力”双管齐下的方针下，应该加强同美韩等国的协作，同时与中国等相关国家保持沟通的渠道，并且时刻关注以联合国安理会为中心的国际社会的动向。当然，面对可能来自朝鲜的威胁，除了“他助”之外，更重要的是“自助”。考虑到国家和国民的安全，日本应该不断提高反导系统的精确性和实效性，同时提高日美同盟中日本自主防卫的能力。此外，日朝关系中还有一个巨大障碍是发生在 20 世纪七八十年代的日本人遭朝鲜当局绑架的问题。朝鲜的核威胁以及人质绑架问题共同构成了对日本国家和国民的威胁，日本必须基于这样的认知时刻关注半岛无核化的进展，并基于《日朝平壤宣言》（2002 年）的原则，在力所能及的范围内应对朝鲜方面的举动。

3．朝鲜的意图和逻辑

自冷战结束以来，朝鲜半岛的核危机情势已经发生过多次，其中 1993—1994 年的第一次核危机、2004 年的第二次核危机以及 2017—2018 年的第三次核危机都有将东北亚地区带入核战争的危险。朝鲜为什么会执着于核武器试验以及导弹试射呢？

要想真正实现朝鲜半岛的无核化，需要切实可行的政策，而在政策制定和出台之前更需要了解朝鲜当局的逻辑以及统治者的意图。笔者认为，至少有如下两种思维逻辑值得注意，即“恶人逻辑”和“弱者逻辑”。

“恶人逻辑”

在西方社会看来，朝鲜独特的政治体制以及领导人继承制度制造了“恶人型领导”。朝鲜进行核试验、试射核导弹无非就是要抬高要价获得国际社会的援助。同时还会违反此前同相关国家签署的协定，利用国际社会的巨额援助把重心放在继续研制核武器上面，并积极争取时间以延缓国际社会的制裁。那么，我们来看看这个所谓的“恶人逻辑”应用在朝鲜这个国家是否成立？

1994年签署的《美朝核问题框架协议》有效地避免了第一次核危机的升级，但是因为朝鲜存在继续进行核武器开发的嫌疑，美国认为这是一种挑衅行为，因此让双方的对抗升级。另外，共和党在当时是众议院多数党，该党反对美朝协议中有关美方向朝鲜提供燃料用重油以及轻水反应堆的内容，这导致美国承诺的对朝援助大幅延后。美朝双方各执一词、相互攻讦责难，随着2001年小布什当选总统，该项协议最终作废。

在此期间，美朝双方围绕导弹问题也有过协调的尝试。美国针对朝鲜的导弹技术出口进行了制裁，对此朝鲜要求美国提供适当的补偿。根据1998年6月18日朝鲜中央通信社的报道，“只要朝鲜方面的财政损失没有得到适当的填补，导弹技术的出口就不会停止”。2000年，随着朝韩两国首脑实现会谈以及美国对朝制裁力度的减缓，朝鲜中断了导弹试射，但是要求每年约10亿美元的援助。从朝鲜方面的要求来看，以导弹为工具要求经济补偿或经济援助的行为，难以否定其“恶人逻辑”的说法。

朝鲜的谋略不止于此，离间美国同日韩的关系也是其工作的重点。例如，朝鲜可能会同意冻结或放弃洲际弹道导弹研发事宜，但是并不意味着朝鲜会放弃中短距离导弹系统的研发和试射，恰恰日本在朝鲜中短距离导弹的射程范围之内。对此，日美两国的国家利益并不一致。朝鲜主张以和平协定来代替停战协定，朝鲜方面如果愿意以“无核化”为代价寻求美国放弃敌视朝鲜的政策，并在此基础上要求美方撤出驻韩美军并终止美韩同盟的话，特朗普未必会拒绝这样的提案。然而对韩国来说却未必是可以接受的方案。所以，对话的方式无助于解决朝鲜半岛的核问题，这种情况下只能通过压力的方式迫使朝鲜就范，这正是“恶人逻辑”在起作用。

当对话与谈判无助于问题解决的时候，唯一的解决方案就是“政权更迭”（regime change）或者是针对“恶人”的“斩首作战”。美国国内特别是军方不乏这样的鹰派，认为对待朝鲜领导人应该像对付萨达姆和卡扎菲一样。

“弱者逻辑”

“弱者逻辑”是指目前在政治上遭遇孤立、军事上遭遇威胁、经济上遭遇制裁的困境下，作为“弱者”的朝鲜唯一能够依靠的只有核武器和导弹，这是“弱者逻辑”的根源所在。在当前朝鲜现有体制以及领导人安全无法得到有效保证的前提下，“无核化”的实现遥遥无期，只能通过对话的方式逐步推进。

朝鲜对外制造危机局势，其目的在于维系政权的存续。核武器研发和导弹试射是朝鲜“先军政治”的基轴，对外可以有效地威慑敌对国家，对内则可提高政治向心力并树立政治权威性，与经济建设并列作为国家目标。朝鲜的核武器研发是唯一能够在同韩国的竞争中保持优势的领域，要知道韩国利用近几十年的经济发展已经成功跃升发达国家的行列。

此外，目睹伊拉克以及利比亚等国统治者的穷途末路之后，似乎更加坚定了朝鲜拥核的执念。小布什总统在2002年发表的国情咨文中将朝鲜、伊拉克和伊朗并称为“邪恶轴心”，谴责这三个国家不计民生而开发导弹和大规模杀伤性武器。此后，美国以保存大规模杀伤性武器为由发动了伊拉克战争，萨达姆政权崩溃，事后证明伊拉克并没有大规模杀伤性武器。伊朗在同安理会5国外加德国进行了长期谈判之后，终于同意冻结核武器开发。利比亚的卡扎菲政权也同意无条件销毁生物化学以及核武器，并同美国建立了邦交关系。2003年12月19日，布什总统如此说道：“我们高度评价利比亚作出的正确选择，只有承诺放弃大规模破坏性武器的国家，才能够与我们建构良好的关系，不然的话，其命运就如萨达姆·侯赛因一样。”

卡扎菲曾经信誓旦旦地忠告朝鲜前领导人金正日，“为避免自己的国民遭遇美国袭击的悲剧，应该效仿利比亚的模式”，但是朝鲜则认为“不能够屈服于美帝国主义的威胁与恐吓，临战之前亲手破坏掉一手培养起来的国防力量不足取”。就在利比亚宣布弃核 7 年以后，在北约的军事介入下，卡扎菲政权轰然倒塌，卡扎菲本人也在乱战中惨遭虐杀。利比亚战争发生在金正恩成为朝鲜最高领导人的不久之前。对于这位年轻的领导人而言，要想确保自身的安全和体制的稳定，能够依靠的只有核武器，因此在他上台之后加速了朝鲜核武器研发和导弹试射的进程。2016 年 1 月 8 日，即第四次核试验的两天之后，朝鲜中央通信社发表社论指出，伊拉克和利比亚向企图颠覆其政权的美国及西方各国屈服，放弃了核武器开发的政策，最终难逃毁灭的命运。只要美国继续坚持敌视政策，想要朝鲜弃核实属天方夜谭、水中望月。

在朝鲜当局看来，萨达姆是因为没有核武器，卡扎菲是因为放弃了核武器研发而最终遭到了毁灭性打击，这给朝鲜领导人提供了生动的负面教材。核武器和导弹是朝鲜的命脉，实现“无核化”必须要保证朝鲜的体制稳定。那么，美国是否有能力以及有意愿来保证当前朝鲜体制的稳定吗？其实这也正是“弱者逻辑”所最看重的问题，也是实现“无核化”的关键。

以平昌冬奥会为契机，朝鲜半岛的局势发生了戏剧性的转变。对话的空间迅速提升，在“恶人逻辑”和“弱者逻辑”之间，后者似乎占据了上风。但是，这两个逻辑之间起关键作用的仍然是朝鲜的态度，态度的变化必然招致国际社会采用不同的逻辑来应对。接下来，我们就以上述两个逻辑来讨论美朝之间讨价还价的重要议题，即“体制保证”和“无核化”。

4．以“体制保证”交换核导弹

“永久的和平体制”

对于金正恩而言，能够以弃核来作为交换条件的“体制保证”具体指涉为何？朝鲜当局所追求的是美国放弃对朝鲜的“敌视政策”，以和平协定来代替当前的停战协定。

为应对第二次朝核危机而成立的“六方会谈”于2005年9月发表的共同声明（“919共同声明”）中达成了如下共识：朝鲜承诺销毁核武器并放弃核计划，并重返核不扩散条约（NPT）以及国际原子能机构（IAEA）。对此，美国承诺不侵略或攻击朝鲜。在此基础上，相关当事国在适当的场合就朝鲜半岛永久的和平体制进行协商。这就是所谓的“无核化”与“体制保证”的互换。

2007年南北首脑会谈之后达成的“八项共识”中，包括了以永久和平协定来代替停战协定的内容。2018 年 4 月，韩国总统文在寅与朝鲜最高领导人金正恩在结束会谈后的联合声明中再次确认了半岛无核化的目标，双方宣布，为在年内把朝鲜战争停战协定转换为和平协定、构建永久巩固的和平机制，将积极推动韩朝美三方会谈或韩朝美中四方会谈。停战协定为何有必要转换为和平协定呢？在这里需要重新回顾停战协定缔结的来龙去脉，并找出朝鲜半岛问题的症结所在。

朝鲜战争并未结束

第二次世界大战结束之后，美国与苏联基于各自的利益将朝鲜半岛分割占领，朝鲜半岛的两个分裂的国家作为冷战的象征一直存续至今。在韩国、朝鲜分别宣布建国两年之后的 1950 年 6 月 25 日，朝鲜领导人在获得苏联默许之后，以解放朝鲜半岛为名，向韩国发动了进攻，朝鲜战争正式爆发。当时的联合国因为冷战意识形态的原因对朝鲜战争的立场并不统一。联合国内部因为中华人民共和国的代表权问题，美苏之间存在意见对立，苏联支持中国在联合国的合法席位，而美国则支持台湾的国民党政权。苏联为反对美国在联合国内的跋扈而缺席联合国安理会的审议工作。在此情况下，美国所主导的联合国安理会认定朝鲜对韩国的侵略行为，并通过决议主张朝鲜即时停止敌对行为，朝鲜对此表示拒绝。6 月 27 日，美国向安理会提出援助韩国的决议案，主张“武力击退朝鲜的侵略”。7月7日，美国根据上述两个决议，组织联合国军干涉朝鲜战争，联合国军共由16个国家的军队组成，美军占比90%，军队由美国统一指挥，麦克阿瑟被任命为联合国军总司令。值得注意的是，本次联合国出兵所依据的并非《联合国宪章》第42条“联合国会员国之军事行动”，而是根据第39条“呼吁和平解决争端无效后而采取的强制措施，联合国认可本次军事行动中的集体自卫权”原则。美国出兵朝鲜也跟日本有密切的联系，1951年9月8日，《日美安全保障条约》缔结，在签名换文书中规定日本有向联合国军提供设施并予以支援的义务。

朝鲜人民军背后有苏联的军事支援，在军事装备上要远远强于韩国。开战三日以后，朝军占领汉城，韩军和麦克阿瑟率领的联合国军被迫撤退到朝鲜半岛南段釜山一带。之后由于朝军补给线过长，联合国军在首尔附近的仁川强行登陆，战局得以扭转。杜鲁门总统听从麦克阿瑟的建议，越过北纬38度线追击朝鲜，这也成为了朝鲜战争的转折点。中国早先已经声明，如果美方越过三八线，中国不会坐视不管，而美方则认为这是中国方面的虚张声势。美国的作战目标更改为由韩国来统一朝鲜半岛。联合国军与韩国军队一路北上，其攻势一度到达中朝边境附近的鸭绿江。在统一即将实现的时候，中国所组织的“中国人民志愿军”跨越鸭绿江，作为朝鲜的援军正式参战。随着中国军队的参战，战局又迅速扭转，中朝联军攻破三八线，汉城再次沦陷。在北纬 37 度线附近重整军队的联合国军于 1951 年 3 月再度夺回首尔，此后南北双方呈现胶着状态。

1950 年 12 月，美英首脑举行会谈，考虑到北约在欧洲所面临的来自苏联的直接威胁，两国首脑确立了“欧洲优先”的方针，朝鲜战争的目标从最初的“朝鲜统一”转变为签署“停战协定”。麦克阿瑟反对美国政府的这一决定，因此被杜鲁门总统解除职务。中美朝韩四方的谈判自 1951 年 7 月开始，双方围绕交换俘虏以及停战线的划定展开了激烈的交锋，随着艾森豪威尔就任美国总统以及苏联领导人斯大林的去世，1953 年 7 月 27 日，联合国军总司令同朝鲜人民军总司令、中国人民志愿军司令员缔结军事停战协定，双方的战斗行为告一段落。当然，到目前为止，南北双方都没有缔结和平协定，严格说来目前朝鲜半岛的两个国家仍然处于战争状态。

“停战协定”下的联合国军

根据停战当时联合国安理会的决议，联合国军司令部驻守韩国首尔直到现在。总司令由驻韩美军总司令兼任，其成员国包括韩国、英国、加拿大、澳大利亚等 18 个国家。一旦朝鲜半岛战火重燃，这些国家可以迅速组织战斗力量。当然，因为美军在韩国本土的强大存在，已经成为事实上的联合国军。

当初，韩国总统李承晚为了遏制朝鲜南侵并最终实现由韩国统一朝鲜半岛的进程而极力主张美军继续驻守朝鲜半岛。基于这一出发点，考虑到1953年签署的停战协定极有可能招致美国的撤军，因此李承晚并没有在停战协定上签字。在停战协定签署三个月后，美韩签署相互防卫条约，战争时期作为联合国军活动的美军作为驻韩美军继续驻守韩国直到现在。

目前驻韩美军大约维持28 500人的兵力。美国的驻军本身造成了重大的问题。因为停战协定第四条规定，“协商从朝鲜撤出一切外国军队及和平解决朝鲜问题”。另外，美韩相互防卫条约第二条所规定两国军事联合演习一事，也跟停战协定的内容相抵触。停战协定第二条规定，“停止自朝鲜境外进入增援的军人和一切军事装备、武器弹药”。1958年，朝鲜方面建议南北双方同时撤退外国军队，中国人民志愿军陆续撤离朝鲜，而美军根据美韩相互防卫条约的规定，作为驻韩美军继续驻留韩国。

为应对这一不对称的格局，中朝两国于1961年缔结《中朝友好合作互助条约》，其中第二条规定“缔约双方保证共同采取一切措施，防止任何国家对缔约双方的任何一方的侵略。一旦缔约一方受到任何一个国家的或者几个国家联合的武装进攻，因而处于战争状态时，缔约另一方应立即尽其全力给予军事及其他援助”。

朝鲜半岛在停战协定的状态下并没有停止军事上的对峙，随着20世纪70年代中美关系的缓和、20世纪90年代苏联解体以及中韩外交关系的确定，朝鲜半岛的对立逐渐从“中朝VS美韩”转变为“朝鲜VS美韩”的格局。

在上述时代背景变化的条件下，朝鲜开始呼吁美国缔结和平协定以替代目前的停战协定。要知道在现有停战协定体系下，驻韩美军可以借联合国军之名实施针对来自朝鲜侵略的军事演习，对于朝鲜来说这将其同联合国的关系置于不正常的状况下（朝鲜与韩国于1991年同时加入联合国）。2015年10月，朝鲜外长李洙墉在联大一般讨论中发表演讲，呼吁同美国缔结和平协定，并且调整同联合国的这种不正常关系。一旦和平协定签署，那么1950年安理会对联合国所规定“抵制朝鲜侵略”的任务就宣布告终，联合国军存在的意义就将消失。

对于日本而言，只要联合国军司令部在法理上存在，那么一旦半岛有事，联合国军将日本作为后方支援基地之据点的可能性就会存在，因此也跟日本有着深刻的联系。根据1951年9月吉田茂同艾奇逊（Dean Acheson）的换文书中记载，旧金山和约生效后，日本为朝鲜半岛的联合国军在日驻留停滞提供相关之便利。1954年6月，日本同美、英、法等 11 国缔结《联合国军地位协定》，规定了联合国在日本停留期间的权利、义务以及其他相关地位和待遇。其中第五条规定，“在征得日本政府同意的前提下”，日本国内七个设施区域可以为联合国军所使用。根据当时议事录的记载，其目的是为驻留朝鲜的联合国军作为兵站而提供的最小限度的援助。

当时联合国军司令部设置在东京，停战协定签署之后的 1957 年，该司令部转移到首尔。作为补充，联合国军后方司令部设在日本，目前在美国驻日本横田的军事基地。一旦朝鲜有事，根据联合国军地位协定的规定，美国在日本横须贺、普天间等军事基地可以直接起飞联合国的军机并直接以作战态势进军朝鲜半岛，后方司令部所做的就是提供这样的必要支援。

一旦停战协定更新为和平协定，这一体制就将宣告终结，联合国军以及后方司令部也会撤退。但是，如朝鲜所期望的那样，驻韩美军会最终撤退吗？

“和平协定”与驻韩美军撤退

对于朝鲜政府而言，理想的范式是 1973 年 1 月规定了美军从越南撤军的《巴黎和平协定》。该协定是越南战争正酣时基辛格与北约特使黎德寿（Le Duc Tho）在巴黎多次秘密交涉之后于 1973 年 1 月达成的协定，该协定为美国在越南“体面”的撤军铺平了道路。也就是说，如果朝鲜半岛也能够缔结和平协定，那么驻韩美军的存在理由将不复存在，美军撤退具备实现的可能性。但是，朝鲜半岛的问题貌似更加复杂。

首先，美韩相互防卫条约所规定的美军驻留，其目的是应对外部的武力攻击，虽然这里的“外部”意味着朝鲜，但是在条约中并没有明确指出是朝鲜的攻击。因此，朝鲜威胁的消失或许会降低条约的存在意义，但并不意味着条约的终结。

其次，即使签署了和平协定也并不意味着朝鲜武力攻击的可能性为零。至于原因，可以回顾巴黎和平协定的后续，美军撤出越南之后的第三年，北越凭借军事上的压倒性优势攻陷西贡*，越南实现统一。朝鲜战争最初的起因是朝鲜希望武力统一朝鲜半岛，如果没有了以美国为中心的联合国军提供的支援，朝鲜统一整个朝鲜半岛是顺理成章的事情。如果美军依据和平协定而撤出的话，越南被北越统一的历史在朝鲜半岛重演的担忧依然存在。

再次，美韩相互防卫条约并没有规定军事冲突发生时的自动介入条款。也就是说根据条约的规定，冲突发生时应该根据各国宪法的规定采取行动。对于美国而言，如果韩国遭受来自朝鲜的军事打

* 南越政权的首都，今胡志明市。——译者注

击，美国总统首先需要宣布国家进入紧急事态，在48小时内通报国会并获得国会授权之后才能采取行动。如果国会没有授权，根据总统的权限也可以在60—90日内动员军队进行还击。从这个角度来看，驻韩美军与驻日美军一样，使得在应对来自朝鲜的攻击时具备事实上的自动介入功能。如果美韩相互防卫条约宣告终结，毫无疑问会增加韩国和日本安全保障的不透明感和不确定性。当然，特朗普总统一度放言，为了减轻美军负担，如果条件允许，撤退驻韩美军也不是不可能的选项。

最后，假如美韩同盟因条约的终结而宣告解体，中国与朝鲜的关系也必将面临调整。

所以，签署停战协定对于东北亚地区的安全环境而言会产生“牵一发而动全身”的效果，并不是一个轻而易举就能够实现的目标。

5．“半岛无核化”的意义和推进方式

“半岛无核化”与“朝鲜无核化”

对于日本的国家利益产生关键影响的“和平协定”是否必然会带来“半岛无核化”？“半岛无核化”究竟意味着什么？

“无核化”是20世纪90年代初开始频繁出现的一个概念，其实它的定义非常模糊。冷战结束之后，朝鲜半岛上只有美军的核武器存在。美国老布什政府致力于通过外交手段和平解决朝鲜的核武器

开发问题，因此于1991年从韩国撤出了战略核武器。1992年，南北双方发表《朝鲜半岛无核化共同宣言》。当时美国的国务卿贝克（James A. Baker）将上述有关核武器相关动态的问题统称为“朝鲜半岛的核问题”。具体包括：美国从韩国撤走核武器，美国向韩国提供扩大版的核保护伞，以及朝鲜当局研发核武器的企图等。这些问题并不是单纯的“解除”（disarmament）、“放弃”（dismantlement）、“不扩散”（nonproliferation）等表述所能够涵盖的。所以最后作为一个折中的表述，“无核化”（denuclearization）一词被越来越多地应用在媒体以及官方表述中。1994年美朝之间的框架协定、2005年六方会谈的共同声明都明确使用了“朝鲜半岛无核化”这一表述。当然，情况发生了重大变化，朝鲜通过多次的核试验已经成为“事实上的有核国家”，而随着美国从韩国撤出核武器，“无核化”一词变得更有针对性，主要是指“朝鲜方面放弃核武器”。

此外，对于朝鲜来说，朝鲜半岛的“无核化”并不仅仅意味着朝鲜放弃核武器。朝鲜政府在2016年7月的声明中指出，“我们所主张的‘无核化’是整个朝鲜半岛的‘无核化’，这包括南方（韩国）应该放弃核武器以及南方周边地区的‘无核化’”，而且，南方的“无核化”进程应该先于朝鲜的“无核化”。具体说来，朝鲜方面的诉求如下：第一，韩国方面不得运入核武器（朝鲜怀疑驻韩美军已经运入了核武器）；第二，美国需承诺不在朝鲜半岛及其周边地区随时使用核打击时段，这里所谓的“手段”包括驻守在关岛的核战略轰炸机以及部署在朝鲜半岛周边的核动力航母、潜水艇等；第三，不得以核武器来恐吓朝鲜；第四，拥有核武器使用权限的驻韩美军应该撤出韩国。这是朝鲜政府作为“构筑和平体制”的重要环节对美方提出的要求。

“无核化”进程该如何推进?

“无核化”的重要问题是它的推进方式。对于朝鲜当局而言，核导弹是维持当前体制的重要保障，同时也是与美方谈判的筹码。即，如果朝鲜推进“无核化”，美国方面能否保障朝鲜的体制安全？中国方面也认为，在没有获得对朝鲜体制保障的前提下，单方面要求朝鲜去核化是不现实的。所以，中国不主张单方面的“无核化”，因为这是得不到任何积极进展的方案，而是主张“无核化”与“构建和平体制”的“双轨并行”方式。

2016 年 2 月，中国外交部部长王毅首次提出“双轨并行”的方案。“朝鲜半岛的无核化”与“和平体制的构建”本就是六方会谈取得的重要共识，两者同时进行符合中国政府对朝鲜半岛问题的基本立场。同时，中国政府认为，“双轨并行”的方案满足了美朝各方的需求，是公正、合理以及具有现实可行性的方案。但是美国一直主张朝鲜方面先无核化，所以拒绝了中国的提案。2017 年 7 月，中俄两国提出了“双暂停”* 和“双轨并行”的路线图计划。其理想的步骤如下：（1）双暂停→（2）谈判→（3）确立不诉诸武力、不侵略、和平共存等基本原则→（4）解决包括核问题在内的所有问题。

2018 年 3 月，中朝领导人会谈结束后新华社报道，金正恩委员长表示“如果南朝鲜和美国以善意回应我们的努力，为实现和平采取阶段性、同步的措施，半岛‘无核化’问题能够得到解决”。

对于中国而言，朝鲜半岛的核武器问题是威胁到半岛和平与稳定的因素，也危及中国整体的安全环境和（特别是东北地区）区域经济发展。如果朝鲜方面能够开启“无核化”进程，朝鲜半岛得以构筑永久和平体制的话，美国在朝鲜半岛的存在感势必将削弱，对于中国所面临的安全环境而言也可以得到有效缓解。

中朝两国领导人在 2018 年 6 月举行的第二次会谈中确认了“阶段性同步”的原则。朝鲜方面于 4 月份宣布停止核导弹实验，5 月爆破了位于丰溪里的核试验基地。中国高度评价朝鲜方面为无核化作出的努力。中朝关系的改善也为中国应对美国的压力提供了喘息的空间。这一时期中美之间在贸易摩擦、台湾、南海等问题上的

---

* “双暂停”是指朝鲜暂停核导弹实验活动，而美韩则停止大规模军事演习，推动双方回到谈判桌上。——译者注

对立越来越尖锐，中国在朝鲜问题上的话语权得到了应有的尊重。对于朝鲜而言，有中国作为后盾，在与美方交涉时底气也会更加充足。

然而，美国国家安全顾问博尔顿（John R. Bolton）的一番发言却招致了朝鲜官方的强烈抗议。博尔顿在6月份美朝首脑会谈前夕指出，美国在对朝的政策上应该坚持先确认大规模杀伤性武器彻底销毁之后才会解除对朝鲜的制裁，以及讨论双方建立邦交关系事宜（即所谓的“利比亚方式”）。对此，朝鲜副外相金桂冠发表谈话指出：“将作为拥核国家的朝鲜同处于核研发初级阶段的利比亚相比较，本就是十分荒唐的事情。如果美国方面认为朝鲜所表示出的宽大举措是示弱的表现的话，或者说是美国制裁和压力的产物的话，那就大错特错了。全世界都知道，我国不可能步入利比亚以及伊拉克等国那样的穷途末路。”

“利比亚方式”和“双轨并行”方式之间存在较大的鸿沟。对于朝鲜而言，在没有得到体制保证的前提下率先放弃核武器则有被美国欺骗的可能性，朝鲜这一认知的出发点基于前述的“恶人逻辑”。而“双轨并行”也未必是朝鲜可以接受的选项，因为这会让朝鲜国内社会认为是屈服于外部压力而作出的妥协，“弱者逻辑”在这里起到关键作用。

根本上毁灭掉朝鲜的反击报复能力。在三八线北方的非武装地带洞穴阵地的长距离迫击炮、火箭炮可以让首尔短时间陷于一片火海，部署有美军基地的日本也难逃朝鲜的攻击。哪怕是一枚核导弹也会让日本的城市遭受毁灭性的打击，所以对日本来说这并不是一个值得推崇的选项。

无论上述哪一种担心都会让日本舆论怀疑盟友美国对于保卫日本的承诺，同盟关系在这种相互猜疑之中逐渐疏远乃至最终切割的可能性是客观存在的。

所谓日美同盟，并不是通过一纸《日美安全保障条约》就能够得以确保和巩固的。日美同盟在平时状态下通过具体的行动来践行条约的原则，然而一旦濒临危机，同盟是否能够真正发挥作用则考验着两国关系。日美之间必须通过不间断的联合军事演习以及首脑会谈等方式强化两国对朝鲜半岛核问题的威胁共识，以及美国对保卫日本安全的决心，这样才能有效消弭日本方面的担忧，也只有这样才能更加有效地遏制朝鲜的核打击。

“CVID 原则”与弹道导弹的处理

日美韩对半岛“无核化”的期待包括核导弹在内的所有核设施“完全的、可验证的、不可逆的无核化”。但问题是，这里的“导弹”具体指涉为何？ 2018 年 4 月朝鲜劳动党中央作出了停止核试验以及洲际弹道导弹实验的决定。但是对于日本而言，更关注的则是中短距离导弹的威胁。

目前朝鲜大约拥有200发“芦洞号”导弹，其射程可达到1 300公里，在发射后的7—10分钟可到到达北海道之外的日本本土全境。如果朝鲜对日本进行波浪式的攻击，那么日本的反导系统未必能够对其进行有效拦截。对于日本而言，“CVID原则”必须是包括弹道导弹在内的所有攻击性武器。如若不然，日本的国土和国民仍将会笼罩在不安之中，日本的国家利益难以得到有效保障。关于这一点，日美之间有必要进行沟通与协商，并确认“CVID原则”需包含所有类型的导弹。今年6月份，特朗普在出席在大阪举行的G20峰会之后访问韩国，对板门店进行闪电访问，作为现任美国总统第一次将脚踏入板门店属于朝鲜的一侧。虽然特朗普和金正恩进行了会谈，但是显然这次访问形式大于内容。

威胁一般包含能力和意图。意图随时都可以改变，但能力就不一样了。只要朝鲜没有放弃发射导弹的能力，那么日本的威胁认知就不会消失。对于日本而言，通过外交渠道祛除朝鲜的导弹发射能力是有必要的，但是美朝之间的谈判也不排除保留朝鲜部分导弹发射能力的前提下，缔结和平协定的可能性。那么一旦出现这种情势，日美同盟必须要确保对朝鲜的威慑能力，这些最终有赖于届时美国的政治判断。

7. 美朝对话的前景

外交的主要媒介是对话和谈判。虽然通过军事的、经济的压力有助于实现一国的国家利益，但大多数时候军事压力和经济压力的首要目的是把当事国拉回到谈判桌上。

根据“恶人逻辑”，些许的让步极有可能招致接下来更大的让步，而“让步”只是在为当事国争取缓冲的空间和时间。第二次世界大战前夕，英国首相张伯伦为避免战争，在慕尼黑会议中几乎完全接受了希特勒的要求。张伯伦的政策满足了希特勒的野心，和平也得到了暂时的保障，因此张伯伦回国的时候受到了英国民众的夹道欢迎。然而，希特勒的欲望是无限的，前所未有的世界大战也让英国遭到重创。1938 年的慕尼黑会议也因为英国的“绥靖政策”而让大英帝国的荣耀沾上了历史的污点。

基于这样的历史教训，国际社会不乏坚持主张对朝鲜施加压力的声音。2017 年，朝鲜不顾国际社会的呼吁，不断进行核试验和导弹发射，在这样的背景下，安倍晋三首相 9 月 18 日发表在《纽约时报》上的署名文章表示：“即使再呼吁对话也只是在做无用功。在朝鲜眼里，甚至还会以为是各国屈服于其威胁转而寻求对话。”回顾历史，有关朝鲜核问题的对话和谈判充斥着失败的记录。究其原因就在于，相当一部分人认为朝鲜是在坚持“恶人逻辑”，对话非但不能有效解决问题，同时还让事态变得更加糟糕。特别是对美国而言，美国对朝鲜的不信任大多来自其不遵守协议的行为。

但我们也应该看到，违反1994年《朝核问题框架协定》的不仅是朝鲜，受到美国国会（对朝鲜的核设施援助比较消极）以及政权更迭（从态度较为积极的克林顿总统到较为消极的小布什总统）的影响，美国在协定达成之后并未履行相应的义务。针对2008年六方会谈的声明，有批评指出，针对朝鲜废弃核设施的检验让步过多，这只会给朝鲜发展核武装争取更多的时间。但我们还需要反思的是，谁能够保证在没有谈判的情况下朝鲜的核武装进程不会更快呢？在我看来，在保持压力的同时，通过缜密的交涉，对话依然是最有效的渠道。当前最重要的不是排除对话，而是吸取过去对话失败的教训，让对话更富有成效。

伊朗核协议是“最大的败笔”吗？

伊朗核协议是在一系列严厉经济制裁的背景下相关国家同伊朗达成的协议，也被认为是通过谈判解决问题的代表性案例。* 但是特朗普总统却认为这是“史上最大的败笔”，一怒之下宣布退出伊朗核

---

* 伊朗与五个联合国常任理事国外加德国于2015年达成的关于限制伊朗核设施的协议，该协议对伊朗离心机和浓缩铀的数量进行了限制，同时逐步解除联合国对伊朗的经济制裁。——译者注

协议。如果伊朗核协议因此而失效，那么伊朗的核武器研发进程将会加速。伊朗拥核会打破中东地区的力量平衡，成为中东地区和平稳定的最大威胁。此外，如果伊朗研发洲际弹道导弹，对美国而言也会是直接的威胁。伊朗核协议中对浓缩铀以及离心机数量的约束性规定确实算不上是严格的协议，然而伊朗冻结核研发也是不争的事实。即使在美国国内所做的舆论调查显示，共和党支持者对该协议持赞同态度的不在少数。

特朗普把对朝鲜无核化的要求原封不动地转移到伊朗，虽然从政策一贯性的视角来看无可厚非，但是重要的问题是，如此强硬的要求能够让两个国家屈服吗？只有真正得到履行和遵守的协议才是有效的协议，从这一点来看显然无法实现。

共识能够得到有效履行的一个重要前提，是当事国对该共识符合其国家利益的政治判断。只有这个政治判断持续有效，共识才能得到履行。伊朗核协议恰恰就是因为符合欧美各国以及伊朗自身的国家利益，在过去的几年间才得到遵守和履行。特朗普总统不满意在前任总统奥巴马时期缔结的伊朗核协议，但他本人也没有拿出令相关各方所普遍满意的方案。美国退出伊朗核协议意味着欧美盟国对伊朗约束力的下降，伊朗内部稳健派力量也势必会遭到削弱，如此一来特朗普则需要更多的精力来应对如此复杂的问题。如果拒绝同伊朗进行对话，反而诉诸武力或颠覆伊朗现政权的话，则会让中东地区陷入更大的混乱之中。

伊朗的抗议是可以理解的。历经两年多的谈判，好不容易达成共识，仅仅因为美国认为上述共识对伊朗让步太多而单方面退出而终结。针对美国提出进一步谈判的要求，伊朗恐怕很难作出积极回应。美国对伊朗的警惕心理直接来源于美国发动伊拉克战争之后在中东地区留下的权力真空。如果是基于上述逻辑就对伊朗实施更加严格的制裁措施，美国未必能够“以德服人”。当然，对于能够将欧美等国纳入射程范围内的洲际弹道导弹研发则另当别论，关于这个问题，其实欧洲各国应该通力合作，通过经济制裁等措施来遏制伊朗不失为一个现实性的政策。

针对特朗普单方面退出伊朗核协议的行为，伊朗已经开展了针锋相对的措施。2019 年伊朗的浓缩铀丰度达到了警戒线的 4.5%，远远超过《伊朗核协定》规定的 3.62%。美国与伊朗之间的对立持续升级，霍尔木兹海峡作为运输石油的重要通道，海峡附近潜藏着各类风险，为国际社会所关注。

8.“无核化”能够实现吗？

美朝首脑会谈与半岛“无核化”的前景

2018 年 6 月 12 日，美朝两国在新加坡举行首脑会谈，金正恩和特朗普签署了历史性文件，就四项内容达成协议，其中，朝鲜方面承诺“完全无核化”，而美方则承诺“向朝鲜提供安全保障”。我们该如何评价美朝首脑的联合声明呢?

关于“无核化”议题，美方所主张的“CVID 原则”并没有被写入联合声明。朝鲜最高领导人对美国总统直接作出“完全无核化”的承诺，其重要意义不容否定。但是也应该看到这一承诺并没有超出 2018 年 5 月南北首脑会谈所发表《板门店宣言》的基本范围，也没有像其父辈和祖父承诺的那样接受国际原子能机构的检查。关于“无核化”的范围以及程序等具体事项在本次首脑会谈也没有涉及，而是交给两国具体事务人员来处理。

特朗普总统在会谈后的记者发布会上指出，朝鲜半岛的“无核化”从技术上来看处理起来需要较长的周期，在此期间如果能够跟朝鲜保持对话的态势，那么中止美韩军事演习、缩小驻韩美军规模甚至撤军的可能性也是存在的。同时，特朗普还呼吁日韩两国向朝鲜提供必要的经济援助。从结果上来看，特朗普高超的谈判技术获得了成效，其作为“商人型”总统的本色得以体现。

基于“弱者逻辑”来看，这是朝鲜半岛“无核化”进程中迈出的最初一步。在此之前美朝关系一度剑拔弩张，但最终通过外交和对话的形式转换了局面，半岛局势得到有效缓和，这是国际社会积极评价的亮点。同时，这也意味着对朝鲜压力的缓解。对于信奉“权力外交”的特朗普而言，“对话”与“压力”并行不悖。在没有“压力”的情况下，对话只会给朝鲜争取缓冲的时间。如果特朗普总统放弃使用“最大程度的压力”等说法时，那么国际社会对朝鲜的制裁也会随之缓和。如果金正恩是戴着“弱者”面具的“恶人”，那么刚有起色的美朝关系恐怕会重蹈过去失败的覆辙。对于“恶人”应该保持压力要求其放弃武力，而对于“弱者”则需要用“提供安全保障”作为其放弃武器的替代。核武器对朝鲜来说是“民族的生命”，也是“最高的国家利益”。来自美国的“压力”固然是迫使朝鲜弃核的一个诱因，同时也需要美国对其“国家安全以及政治体制进行保障”，如此一来“弃核”才具备现实可行性。

另外，即使朝鲜同意“CVID 原则”，其弃核的进程也需要相当长的周期。有资料显示，目前朝鲜大约保有 60 枚核弹头，2017 年 9 月核试验所使用的核武器当量相当于 1945 年美国投掷到广岛的原子弹当量的 10 倍。导弹数量约有 1 000 枚，其中“芦洞号”导弹占比 2 成，该导弹射程可以覆盖日本全境。另外，朝鲜近期发射的“火星 15”型洲际导弹据称可以覆盖美国本土。相较于利比亚以及南非等国的“无核化”进程，朝鲜的核武器以及相关设施无论在数量还是规模上都远远超过前者。朝鲜境内核设施生产相关场所约 400 余家，仅对这些场所进行勘察就需要 300 多位专家，且勘察所耗费的周期并不短。斯坦福大学核专家的报告指出，朝鲜去核的进程将持续很长一段时间，最长可能需要 15 年的时间，因此目前从最危险的部分出发分阶段去核是最佳路径。但是，对于通过选举成为国家领导人的西方国家而言，15 年时间太长。如果在此期间，朝鲜将一部分关键核武器转移到其他国家等事态极有可能发生，如此一来“CVID 原则”必将前功尽弃。关于浓缩铀的和平利用以及如何安置朝鲜的火箭工程专家也是后续需要妥善解决的问题，因为弃核之后必然会伴随着生物化学武器的处理以及扩散等问题。

综合上述论点，“CVID 原则”的共识以及履行将伴随着困难和不确定性。只有在吸取过去失败教训的基础上，基于优先顺序分阶段推进“无核化”进程才是唯一可取的方式。当然，在这一进程中不可或缺的就是“可验证性”。朝鲜方面在多大程度上能够接受国际原子能机构的核查是“无核化”的关键。

“验证”的重要性

美国前总统里根（也是特朗普最尊敬的美国总统之一）对一句俄罗斯谚语情有独钟，“信任是必需的，但核实是必要的”（Trust, but verify）。1987 年美苏两国在签署《中导条约》之后，两国基于这一谚语的精神，相互之间进行了严密的核查，让核武器的威胁大幅降低。在里根政府时期担任国务卿的乔治·舒尔茨（George Shultz）曾负责美苏核裁军谈判事宜。在2017年，舒尔茨致特朗普的公开信中指出，“对话才是最具现实性的选项”。舒尔茨在回忆录中指出，美苏基于各自国家利益的判断来达成协议是谈判成功的关键。同时，对方是否能够遵守协议的规定也很重要。对于当前的美朝两国而言，能否产生一个为美朝双方所接受且符合双方利益的协议，协议的内容能否得到遵守和执行显然是问题的关键。

美朝首脑会谈后，特朗普谈及对金正恩的印象时称其为“值得交往的人”，表现出了对金正恩的信赖。关于金正恩所承诺的“完全无核化”，特朗普并没有强调“验证”。不过，相较于美苏之间核裁军的对称性，美朝之间的“验证”则呈现出非对称性的一面。虽然“无核化”以及“半岛和平体制的构筑”等都是基于美朝双边利益而达成的共识，但是仅就“验证”而言，只是针对朝鲜单方面的验证，这难免会招致朝鲜方面的不满。

具体围绕“验证”的内容和步骤也难免出现对立以及违反共识的情况发生，两国的对话也会因此陷入困境。美朝史上首次首脑会谈所达成的协议虽然重要，但是如果仅仅以满足各自需求的表达告终，而没有真正意义上“验证”的话，美朝对话的进程也将受阻，紧接着到来的恐怕是无休止的谴责和军事对峙的恶性循环。

2019 年 2 月，第二次美朝首脑会谈在越南河内举行，但最终未能达成具体成果。在美国看来，朝鲜“无核化”的承诺及措施与“CVID 原则”的要求相差甚远。而在朝鲜看来，对于美方相应的回报，特别是取消或缓和对朝鲜的制裁，却得不到任何承诺。在这种情况下，也就未能达成新的协议。

三、日本的繁荣与经济外交

日本的经济外交

日本是一个多山少平原、自然资源匮乏的岛国。从石油等能源到小麦、肉类等食品，日本大量的生存物资都依赖进口。没有贸易，就没有国家的生存与繁荣。这一制约条件对日本外交产生了很大的影响。在第二次世界大战期间，美国曾对日石油禁运，日本因此决定对美宣战。战后日本受益于和平的国际环境，与各国发展友好关系，在航行自由、自由贸易等条件下得以实现国家的繁荣。

国际形势变动不居，日本国内也面临人口减少、少子老龄化、财政赤字等问题。在日本内外经济环境都日趋严峻的情况下，积极推进经济外交更显其无可替代的价值。具体来说，就是积极推动经济伙伴关系协定（以下称 EPA）或自由贸易协定（以下称 FTA）的签署，确保能源、制造业所需资源和粮食的供给，在海外开展经济、社会基础设施投资、加强对日本企业的支持等工作。

特别是贸易与投资自由化的推进，其对日本经济的好处自不必说，对于世界经济的持续增长而言也是非常必要的。

跨越国境的自由贸易往来促进了不同知识和经验的交流，从而创造出新的智慧。这一动态被认为是自由贸易的强大之处，是走向繁荣的基石。然而，自由贸易必须对所有人都敞开胸怀，让努力的人能够得到公正的回报。为此则需要制定自由且公正的规则。

日本已签署 TPP11*（以下称 CPTPP）和日本–欧盟 EPA（2019 年 2 月 1 日生效），与世界 21 个国家和地区签订了 18 个 EPA，贸易自由化覆盖率达到 36.5%。特别是日欧 EPA，其中涵盖了大量诸如知识产权等高水平条款，是基于自由、公正规则的高质量协定，堪称 21 世纪经济秩序的典范。

如果正在协商的中日韩 FTA 能够顺利缔结，日本的 FTA/EPA 覆盖率将超过 75%。为使区域全面经济伙伴关系协定（以下称 RCEP）也成为一份高质量的协议，日本有必要以在今年（2019 年）年内达成协议为目标，加速谈判协商进程。在今后，并不排除美国重返 TPP/CPTPP 的可能性，日本将会继续编织高质量的自由贸易关系

* 美国在退出 TPP 之后，日本联合其他 10 个国家签署了“全面且先进的跨太平洋伙伴关系协定”，简称 CPTPP。——译者注

网，敦促美国的回归。

保护主义的扩散与世界贸易组织改革

对于保障日本繁荣这一国家利益而言，与不确定性相伴而生的巨大风险就是保护主义的扩散。从特朗普总统的当选就可以看出，要求政府采取保护本国产业和就业的保护主义措施所产生的政治压力，正以欧美发达国家为中心不断增强。特朗普政府从上一任奥巴马政府所积极推动的 TPP 中退出，并且不断通过双边贸易谈判迫使盟国作出让步。如何抵抗汹涌的保护主义浪潮，继续守护自由贸易体制？日本政府的经济外交也更加呼唤战略性的应对举措。

在日本政府的应对举措中，有两点值得关注：其一是对世界贸易组织改革的贡献，其二是 CPTPP 的签署。

1929 年爆发世界性金融危机，各国受到经济民族主义的驱使，加强了贸易保护和更加内向的经济一体化措施，这也成为第二次世界大战爆发的诱因之一。战后创设了关税及贸易总协定（以下称 GATT）作为保护主义的防波堤。此后近半个世纪，世界经济沐浴着自由贸易的恩泽，在不断扩大的贸易的带动下发展起来。最受益于这一恩惠而迅速发展的国家便是日本。日本严格遵守 GATT 和此后的世界贸易组织规则，为强化其体制而不懈努力也是理所当然的。

国际贸易体系应秉持公正、透明的原则，在知识产权保护、电子商务、政府采购等领域具有实效性。在美国保护主义势头猛进、中美贸易摩擦日益激烈的背景下，推进支撑国际贸易框架的世界贸易组织改革迫在眉睫。

世界贸易组织承担着“制定与监督共同的贸易规则”和“解决贸易争端”的重要职能。但就现状来看，很难说世界贸易组织已经充分发挥了其应有的作用。

第一，出口大国中国和韩国依然作为发展中国家享受着特殊和差别待遇。虽说是“共同的贸易规则”，但因为“发展中国家”分类是自我申报制，提出了“中国制造 2025”的中国和作为 OECD 加盟国的韩国等国家却避免了发达国家规则的束缚。这与“公正”的贸易相差甚远，这种情形应该得到适时的改变和纠正。

第二，负责争端解决的仲裁机构功能没有得到进一步的强化。但美国对此表示了反对，其理由是担心仲裁机构会像国际法院一样成为可以下达有约束力决定的机构。无论是哪一种方案，都需要从如何加强世界贸易组织功能的角度进行讨论，并提出具体的改革方案。

日、美、欧正大力推动世界贸易组织改革，包括反对各种限制、补助金、不透明许可制度、强制技术转移等“非市场”贸易行为，积极寻求通过世界贸易组织解决争端的可行方案。尽管世界贸易组织成员在引入对贸易可能产生影响的补助金或国内规制等本国产业优惠政策时有向世界贸易组织报告的义务，但日、美、欧一致认为如果疏于通报则应接受处罚。此处要警惕的是给予本国企业大量补助金，强制外国企业技术转移的中国。这既是中美贸易谈判的焦点问题，日、欧也希望通过强化这一功能挽留不惜退出世界贸易组织的美国。

世界贸易组织秉持全体一致的决策原则，想要实现能够适应时代变迁的改革并非易事。但是为了建设性地应对已经成为世界第二经济大国的中国，国际社会全体朝着实现公平透明的贸易体制而努力，使国际贸易得到进一步的发展变得十分重要。这不仅仅是为维护国际利益作出贡献，从中长期来看，也有利于包括中国在内的所有国家自身的国家利益。

日本主导的 CPTPP 和 RCEP

日本应对保护主义的另一项经济外交举措是积极推动美国退出的 TPP/CPTPP 的签署。美国退出 TPP 后，日本联合其他 10 国缔结了 CPTPP 并于 2018 年年末生效。

TPP 不仅关注货物贸易和关税领域，它旨在促进服务及投资的自由化，进而在知识产权、电子商务、国有企业规制、环境等广泛领域建立起一套高标准的规则。亚太区域的发展备受瞩目，依托

TPP在亚太地区创造出的巨大价值链，可以有效激活区域内人口、货物、资本、信息的自由流动，使亚太地区成为世界上最富裕的地区。

CPTPP是超过世界贸易组织合作水平的经济伙伴关系协定，其标准可以成为双边、地区乃至世界框架内各种FTA/EPA参照的模板。在这一意义上，日本拉拢对CPTPP感兴趣的国家将有助于自由贸易的维护和发展。从长远来看，也应该考虑到中国参与的可能性，日本也应期待和鼓励中国继续为改革开放作出努力。

日本应加大力度推动的另一个地区经济合作框架是RCEP。

在中美贸易摩擦不断激化的背景下，RCEP与CPTPP的相继落地将成为遏制保护主义的重要标志。值得注意的是，RCEP就算在合作水平上难以企及以高标准著称的TPP，但拥有庞大市场的中国和印度加入，对日本企业来说大有裨益。不仅如此，中国与韩国尚未与日本签订任何自由贸易协定，RCEP对实现中、日、韩之间的贸易自由化也意义重大。

当前形势下，向全球出击的日本企业也迫切需要重新思考自身的战略。例如，如果美国把汽车和零配件视为“安全威胁”，日本相关产业就会被加征关税。为了回避贸易摩擦选择将生产设在当地的企业也不可避免的受到零部件进口附加关税带来的影响。受到英国脱欧震荡的欧洲和“美国第一”不确定性的影响，日本企业对蕴含着发展潜力的亚洲充满了期待。但在期待增加的同时，随着中美贸易战的爆发，中国市场机遇与风险交织充满不确定性，日本面临的情形更趋纷繁复杂。

日美谈判与中美贸易摩擦

在日美谈判中，美方关心的是因 CPTPP 和日欧 EPA 生效后竞争力下降的牛肉等农产品，以及占据美国贸易赤字大头的日本汽车出口。对于美国是否会在 TPP 水平上妥协这一点仍然存疑，但日本不应该接受违背自由贸易原则的汽车出口数量限制。

美国是确保日本安全这一生死攸关的国家利益不可或缺的同盟国，在亚洲和平与航行自由等法治的维持上发挥了举足轻重的作用。由此观之，不应局限于以往的“自由贸易”，而应该努力达成能够反映特朗普总统主张的“公平”（Fair）和“互惠”（Reciprocal）的协议。这意味着无论中美贸易谈判走向何方，日美两个经济大国都表现出了坚定维护自由贸易体系的姿态。

正如前文所述，中美贸易战的本质是从贸易等经济领域蔓延到军事等安全领域的霸权之争。中国表示强烈抗议，指出在发展权利和政治体制这一核心利益上一步也不能退让。美国也一直怀抱着危机感，专注于保护新一代高科技技术领域。因此，美国与中国的这场霸权之争很有可能是场持久战。

将抵制华为技术的现象看作美国欲在中美之间布下一道“数字屏障”（相当于冷战中的铁幕）的想法未免过于乌托邦。缺失中国这一环的世界市场供应链几乎不可能实现。中美间的经济相互依赖是冷战时期美苏所不具备的特征，但在缺乏“公正”和“互惠”的前提下，中美不可能走向“新冷战”的论调正在美国国内逐渐失去说服力。

美国对中国高科技产业的管制，将对中国高科技产业造成巨大的打击。而向中国供应配件的日本企业也难以独善其身。

日本要做的并不是与欧美国家合作，共同封锁中国，而是应当呼吁中国成为以“自由、公正、互惠”为原则展开行动的建设性行为体。

现在中国已经成为世界第二经济大国，GDP 接近日本的三倍。中国的经济实力已经远远超过以人均 GDP 来衡量的水平，仍将中国视为发展中国家的做法也遭到了部分质疑的声音。世界第二经济大国却是发展中国家，如果对这种前所未有的状况置之不理，那么问题终究无法解决。从这一点看，当务之急是改革包括世界贸易组织在内的国际贸易体系。我理解中国站在世界上最大的发展中国家的立场上，重视包括南南合作在内的同发展中国家的关系。同时，我也希望中国作为提出“一带一路”倡议、亚投行和“人类命运共同体”的大国，承担更多的责任。中国内部或许也有这样的想法。

“自由开放的印度太平洋构想”和中日“第三方市场合作”

“自由开放的印度太平洋构想”（以下简称“印太构想”）旨在塑造确保包括法治在内的“国际秩序”规则，提高海上执法能力等“安全”措施，通过高质量的基础设施建设实现繁荣。这其中体现出的国际秩序、安全、繁荣也与日本《国家安全保障战略》中反复强调的三点国家利益一脉相承。

“印太构想”的理念虽然得到许多国家的认可，但从地缘政治学战略的角度看，却容易被视为与“一带一路”倡议竞争和对抗的副产品。但是从经济合理性的角度来看，要满足以亚洲为中心的庞大基础设施需求，两个构想之间并不是相互排斥的，而都是非常必要的。

在现实中，“一带一路”倡议已先行一步，“印太构想”则仍然停留在理念阶段。随着基础设施建设的累计与贸易投资的扩展，为了将这一构想转变为经济上的现实，努力打造自由、公正的经济圈不可或缺。为此，日本准备了 2 000 亿美元资金，开始了合作进程。

亚洲有着多元的文化、民族和宗教，这种多样性也可以被视作动力的源泉。在宽容精神的引领下相互尊重，推进经济一体化是亚洲的正确选择，也是历史的挑战。同时，如果能有相互之间的尊重，制定和遵守共同的规则也将成为可能。

“一带一路”倡议对所有国家都敞开胸怀，有望激发经济发展潜力。因此，透明且公正的采购、项目的经济效益、债务的可偿还性、不损害财政健全性则是题中应有之义。

通过充分引入上述“国际标准”，“一带一路”倡议与“自由开放的印度太平洋构想”能够以巧妙的方式互补互鉴，有望为地区及世界的和平与繁荣作出贡献。

中国国家主席习近平在2019年4月的第二届“一带一路”国际合作高峰论坛上就项目的建设和运营表示，“要基于国际标准来执行，尊重各国的法律法规”。他还强调说，必须确保财政上的可持续发展，留意外界对“债务陷阱”的担忧。

这一发言有助于为两个构想的融合创造良好的氛围。今后，中日能否在项目的现场实现具体的合作，关键在于双方能否在同一个“国际标准”下共同行动。

安倍首相在谈到中日关系时曾这样说过：“政治是现实的，因此应当考虑最大化日本的国家利益。”在这一思维的引导下，最终安倍首相与中国国家主席习近平举行了会谈，使中日关系回归正轨。

日本与中国有着剪不断的密切关系。作为世界第三和第二经济大国，日中两国对地区乃至世界的和平与繁荣都负有重大责任。

中国的改革开放与和平发展，不仅对日本而言是巨大的机遇，对世界经济的增长来说亦不可或缺。为此，日本应不遗余力与中国展开合作，日本政府的方针也是如此。中国是日本的邻国，尽管因此中日之间也存在着许多棘手的难题，充分利用所有机会，推动对话的持续进行是非常必要的。

四、维护自由、开放、以法律为基础的国际秩序

亚洲文明对话

2019 年 5 月，第一届“亚洲文明对话大会”在北京召开，笔者也出席了会议。国家主席习近平在“亚洲文明对话大会”发表的主旨演讲中多次强调了“文明对话”。我也不由得感觉到了其背后对所谓“文明冲突”的牵制之意。

习近平主席在演讲中呼吁“通过不同文明间的交流与对话”实现和平共处，而就在演说发表的半个月前，美国国务院政策规划办公室主任凯润·斯金纳（Kiron Skinner）将中美竞争视为“不同文明与意识形态之间的战争”，指出“这是一场美国过去从未经历过的战争”，瞬时引起轩然大波。提到美国政策规划办公室主任，我的脑海中不禁浮现出冷战时期以对苏遏制战略倡导者著称的乔治·凯南的

形象。斯金纳的发言似乎是考虑到了凯南所著的“X论文”，中美之间与美苏冷战的不同大致如下：

中国的体制并不是来源于西方的历史和哲学，因此中国对美国来说是一个非常特殊的挑战者。与中国间的竞争不同于与西方大家族一员的苏联展开的冷战。美国首次面临不是白人的强劲竞争对手。

在斯金纳的认识中，始终存在着美国政治学家塞缪尔·亨廷顿（Samuel P. Huntington）的“文明冲突论”。亨廷顿指出：“所有的国家都想参与到共享文化的文明世界中并积极开展合作，但却要同相异的文化进行抗衡。”冷战后冲突的根本原因是文化的问题，主要的国际政治冲突大多发生在拥有不同文明的国家或集团之间，在这其中伊斯兰文明和中华文明与西方文明发生冲突的危险程度最高。

对此，习近平主席坚决表示：“各种文明本没有冲突”，“文明只有姹紫嫣红之别，但绝无高低优劣之分”，“认为自己的人种和文明高人一等，执意改造甚至取代其他文明，在认识上是愚蠢的，在做法上是灾难性的！”

在此基础上，习近平主席呼吁共同构建“亚洲命运共同体”和“人类命运共同体”。这一构想是否被置于“一带一路”倡议的延长线上呢？它又是否意味着新的国际秩序的形成呢？

中国向往的国际秩序

第二次世界大战后，美国主导建立起“自由开放的国际经济体系”，这一体系在冷战后逐步扩展到全世界。从中国加入世界贸易组织后的快速发展中不难看出，中国正是在“自由开放的国际经济体系”下才得以成为今日的经济大国。今后，如果中国要维持经济的高速增长，实现“中国梦”，则应当继续以坚持战后国际秩序作为前提。如果这样的话，即使中国实现了“中华民族伟大复兴”的目标，具备了改变世界秩序的能力，彻底颠覆或重塑国际秩序也显然不符合中国的利益，不会是中国所期待的选项。实际上，中国明确表示要维护以联合国为中心的国际秩序。国家主席习近平曾经指出：

> “中国将始终做国际秩序的维护者，坚持走合作发展的道路。中国是第一个在联合国宪章上签字的国家，将继续维护以联合国宪章宗旨和原则为核心的国际秩序和国际体系。”（2015年9月28日）

国际秩序既是权力体系，也是价值体系。国际秩序一直是由大国建立和支配起来的。当中国成为超越美国的经济大国，实现“强国、强军”目标之时，中国也可以把自身的价值反映到国际秩序上。

然而，从当下国际政治的发展趋势来看，自由秩序的崩溃与其说是受到了处于秩序之外的受益者中国的影响，倒不如说是位于体系中心的原本应是守护者角色的美国的行动所引起的。

随着中国的发展，世界权力分布格局产生了巨大的变化。而支撑着战后自由国际秩序的美国和欧盟内部，极右翼民粹主义却在不断崛起。特朗普的“美国第一”政策便是将美国自己建立起的国际秩序从中心开始摧毁的“乌龙球”。

如果以自由、民主、人权、法治等普世价值为基础的自由主义秩序崩溃，取而代之的是否会是一个无序混乱的世界？抑或是中国支撑的新秩序？

只要中国还是以“社会主义市场经济”和“共产党的全面领导”这一国内秩序为前提，它就不是自由的国际秩序。说是重现以往的“中华秩序”也是轻而易举的。习近平主席所追求的“共同体”，从其发表的演说来看，仍然停留在抽象的概念层面上。但这也并非像以前那样的“中华秩序”，而是旨在通过主权平等和共赢建设和平、繁荣的国际秩序。

习近平主席真的想要实现这样的“大同”秩序吗？

以数字领域为核心的科学技术给经济、社会都带来了巨大的变化，但与此同时，旧的权力政治、地缘政治、军备竞赛也正卷土重来，重新垄断国际政治。

中国外交的基调也从“韬光养晦”向“奋发有为”转变。增强力量背景下的“权力外交”与中国倡导的“和平发展”和“新型大国关系”理念形成了两个相去甚远的中国形象。美国在《国家安全保障战略》(2017年)中将中国界定为“修正主义势力，试图建立一个与美国国家利益和价值观相对立的世界”，两者的对抗态势加强。

虽说是事后诸葛亮，但从中国的角度来看，或许停留在“积极有所作为”的程度上是比较妥当的做法。如此一来，既可以避免陷入“修昔底德陷阱”，同时又可以在多极化进程的认识下推动全方位外交，创造习近平主席所说的“和平的国际环境”和“稳定的国际秩序”，这将会成为至高无上的命题。因此，中国有必要缓和美国对中国的警戒感，为构筑“新型大国关系”而不懈努力。为此，中国有必要最小化国际秩序和国内秩序间的差异和分歧，努力缓和世界第二经济大国身份和发展中国家地位之间的矛盾。其中之一便是积极参与世界贸易组织改革。

同时，对中国来说，一项重要的战略就是脚踏实地，扎实推进“一带一路”倡议和“亚洲文明对话”，打造中国自己的“朋友圈”。

“一带一路”是构筑作为权力体系的国际秩序的场域，“亚洲文明对话”可以说是讨论作为价值体系的国际秩序的场域，但尚不清楚具有普遍性的中国或亚洲的价值究竟是什么。

中国能否提供一种“普世价值”

德国哲学家奥斯瓦尔德·斯宾格勒（Oswald Spengler）在《西方的没落》一书中指出，西方的历史并没有体现世界历史的普遍性，相反，世界历史是由西方历史上没有的多种文明的历史共同构成的，混杂着各种文明的亚洲。因此，不仅不存在可以应用于世界范围的普世文明，在亚洲内部也不存在这样的普世文明。也就是要强调亚洲文明的多样性，提倡各种文明间的交流借鉴和相互尊重，习近平主席对此也非常赞同。

如此一来，所谓“亚洲文明”就只不过是亚洲文明的集合体而已，哪个文明居于中心？哪个文明是区域性的？哪个文化和价值是普遍的？哪个文化和价值又是特殊的？这些争论都将不复存在。

另一方面，中国在以经济建设为中心持续推进实现“中华民族伟大复兴”目标的同时，也在试图重建曾经是亚洲文明中心的中华文明和被周边国家引进吸收的中国文化和价值。这是不争的事实，儒家文化价值的复兴就是一个例子。就此而言，不能说中国文明没有地区意义上的普遍性。

但如果有人问，这能否成为自由、民主、人权、法治等普世价值的替代选项，我想答案只能是悲观的。中国所追求的“中华民族复兴”，其本身并没有跳脱出特殊的范畴，很可能与普遍性相对立。

归根结底，中国是否拥有可以推广至全世界的具有普遍性的价值呢？中国学者赵汀阳论述：“当中国成为问题时，比起其本身的价值，其作为方法论的存在，更能代表中国的本质”。他于是提出了“作为方法论的中国”。这让我不禁联想到竹内好的“作为方法的亚洲”。

有关“作为方法的亚洲”，竹内这样论述：

> “西欧优秀的文化价值将从我们这里开始变革，通过对文化或者说价值上的否定来创造这种普遍性。用东方的力量来变革西方是为了增强西方孕育的普世价值。这就是现在的东西问题。这是政治问题，同时也是文化问题……要说那究竟是什么，恐怕我并不认为作为实体它是真实存在的。但是作为一种方法，也就是说在主体形成的过程中不就是可以存在的吗？”（1961 年）

无论是“亚洲命运共同体”还是“人类命运共同体”，最应该得到重视和强调的并不是亚洲价值或普世价值，而是谋求共同发展和双赢。这正是赵汀阳所论述的“作为方法论的中国”。如此说来，

“亚洲命运共同体”和“人类命运共同体”都尚未具备可以称得上是新的国际秩序的内核（价值）。

亚洲价值与同中国的对话

在亚洲存在普遍的价值吗？

如果存在，那么与中国的价值又是什么关系呢？

无论是世界称赞“东亚奇迹”的时候，还是亚洲金融危机扭转了外界对东亚评价的时候，西方都对东亚的文化、价值进行了大量的研究和讨论。习近平主席在“亚洲文明对话大会”的演讲中指出，尽管中国是从西方学习了马克思主义思想，但马克思主义成功与中国现实相结合被“中国化”为“中国特色的社会主义”发展至今。这是在引进西方思想的过程中，因为中国的价值而发生了变质，还是采取了不与中国特色相矛盾的吸收方式作为方法论呢？不管怎样，中国特色的价值从中看来并未变得明朗。

从西方文明引起的日本明治近代化到中国清朝时期的近代化（如洋务运动和维新变法），从日本的战后复兴到中国的改革开放，如果从吸收西方先进科学技术、经济制度这一层面的“方法论”来考虑的话，与欧美文化、价值相异的独特的东西始终存续，对亚洲的经济发展产生了影响。问题在于这究竟是什么？

马克斯·韦伯指出了近代资本主义发展与新教伦理之间的紧密

联系。作为支撑东亚经济发展的伦理风尚，儒教和佛教所倡导的勤劳、忍耐、知足等美好品德值得我们关注。所谓亚洲价值，就是指高储蓄率、勤勉、重视教育、高度统一的集体主义、敬畏政府或权威的风气吗？

欧美的市场原教旨主义者和全球主义者往往容易忽视这些地区性的文化和价值。基于人与人之间长期信赖关系形成的社会网络，以这种信赖关系支撑的家族产业和同族间的“君子协定”（常被批判为裙带资本主义），在这样的风气中建立起来的企业和传统，以及将传统和技术革新结合起来的理性主义等等都存在于“东亚模式”之中。

“东亚共同体”开始成为广泛讨论的话题是在20世纪末，我作为外务省相关事务的负责人，在“东盟 + 3”首脑会议上首次发表的联合声明中加入了以下内容。

> “各国首脑把焦点放在东亚文化的优势与美德的同时，也认识到这个地区从其多样性中获取了力量。向外界传播亚洲视角，为促进人文交流而不懈努力，在增进文化理解、促进友好、和平方面加强地区合作。各国就上述问题达成了一致意见。”

东亚并不是一个整体，可能正如冈仓天心在《东洋的觉醒》中所叙述的那样，东亚在“对西方的抵抗”中才成为一体。历史上“亚洲主义”的思想中也蕴含着这种被相对化的亚洲属性。

然而，在全球化中回归、发展的亚洲，正处在可以兼顾地区性和普遍性的“开放的亚洲主义”时代。当这样的亚洲价值观和文化能够在欧美得到普遍提及和肯定时，全球化的世界和亚洲就是真正成为一体的时候了。

为了做到这一点，我们首先应该通过“文明对话”承认彼此文明的多样性，而不是亨廷顿所说的“文明的冲突”。在此基础上，撇开日本特殊论或中国特殊论，讨论民主、市场经济等价值和制度与亚洲多样的文化、价值观之间的相互作用是时代的要求，也是与走向世界大国的中国进行对话的肯綮。

注释

1. 参见外务省网页 http：//www.mofa.go.jp/mofaj/gaiko/oda/data/chiiki/china.html。

终　章

日本的“开放的国家利益”外交

一、日美同盟与“边境国家”论

国际合作与日美同盟

2001年4月，成为21世纪伊始首任日本首相的小泉纯一郎在就任总理大臣之后的国会基调演说中，针对战前与战后的日本做了如下发言：

> “日本之所以卷入战争，是由于它被国际社会所孤立，而日本之所以能够有战后直到今日的繁荣，则是因为日美友好关系的存在。汲取20世纪的经验和教训，在21世纪，日本也始终坚持国际合作，在日美同盟的基础上，维持并发展同中国、韩国等邻国的友好关系。这一立场从未改变。”（第151届国会上的首相基调演说，2001年5月7日）

国际合作和日美同盟是战后日本一直坚持的外交基本原则。但冷战以后，国际秩序发生了巨大的变化。在冷战结束后爆发的海湾战争中，日本未能将国际合作和日美同盟以符合时代要求的形式具体化为实际的外交。在小泉就任首相四个多月后发生了“9.11”恐怖袭击事件，小泉政府反应迅速，这其中想必也有对海湾战争的反省。在恐怖袭击发生后的第25天，《反恐特别措施法》得以提交国会，并于10月底通过。根据该法律，自卫队可以为在阿富汗进行军事活动的以美军为主的多国联军提供油、水补给等后方支援。这表明了“国际合作＝日美同盟”原则的存在，双方并行不悖、不即不离。

然而，在一年多之后爆发的伊拉克战争中，国际合作与日美同盟间的矛盾则开始凸显。小泉纯一郎表示，“我举了很多案例告诉布什总统，为建立国际合作机制，今后还应作出更大的努力”（2002年9月13日小泉首相在国内外记者见面会上的发言）。但遗憾的是，在联合国安理会上却未能像海湾战争时一样采取统一应对措施。小泉政府陷入了“国际合作≠日美同盟”的困境之中。2003年3月20日，在美英等国军队开始对伊拉克进行武力打击后不久，小泉首相的反应体现了日本所面临的复杂困境，“对最终未能看到在安理会达成一致意见、团结一致，我感到非常遗憾”（2003年3月20日“关于对伊拉克行使武力后的事态应对报告”）。同时，在记者见面会上，小泉在明确表明理解和支持对伊拉克实施武力攻击的基础上，“兼顾日美同盟与国际合作两方面的重要性，谋求两者并存这一方针在今后也不会有改变”。

接着，小泉指出了支持美国的理由——美国是日本“无可替代的同盟国”，为维护日本的和平与安全提供了“宝贵的威慑力”，同时对于确保亚洲地区的和平与安全来说，美国的作用也不可或缺。

自小泉政府以来长期执政的安倍政府，也非常重视作为“外交、安全保障基轴”的日美同盟。安倍在其施政演说中评价道：“毫无疑问，日美同盟目前处于有史以来最为牢固的状态”（2018 年 1 月 22 日安倍首相施政演说）。安倍首相与特朗普总统保持密切地交往，通过打高尔夫球保持了更多私人交流的空间，加强了个人联系的纽带。2017 年 11 月，在日本举行的特朗普欢迎晚宴上，安倍首相说：“在超过半个世纪的日美同盟历史上，首脑们从未像这一年间一般缔结如此密切、深厚的关系。”

与此同时，特朗普的“美国第一”政策也让世界为之紧张，国际合作变得困难重重，就连北约等盟国之间也奏响了不和谐的音符。以权衡得失来思忖外交问题的特朗普总统在关键时刻是否会保护同盟国？这样的不安和怀疑正在扩大。而另一方面，实力和自信都在增强的中国在世界中的存在感、影响力也在不断增加。未来自由主义国际秩序何去何从，仍然是一个未知数。

“边境国家”论与日美同盟的未来

尽管美国相对实力衰退，但仍然拥有世界最强大的军事和经济力量。与此同时在太平洋的另一边，中国依靠显著的经济发展正在努力实现伟大的复兴。一个是处于衰退期的世界大国，一个是以进入世界舞台中央为目标的地区大国，两国之间隔着太平洋相互对峙，并冒着引燃台湾、东海、南海、朝鲜半岛等地缘政治冲突的风险，进入了两国战略竞争的时代。

日本位于这两个大国之间，仿佛是被钉入亚洲和太平洋之中楔子一般的“边境国家”。虽然也受到了矗立在亚洲中心、历史悠久的中国文明的影响，但日本在20世纪后半期开始拥抱大洋彼岸美国所主导的秩序与价值体系。第二次世界大战中付出惨痛代价的日本，在日美同盟和民主主义的指导下，半个多世纪以来始终坚持实现与维护国家安全和繁荣这一国家利益。但在21世纪的今天，高举“强国、强军梦”旗帜的中国压倒日本，打破了亚洲的势力均衡，试图重新塑造地区秩序。

在这股潮流中，“边境国家”是具有地缘政治学特征的概念，即处于东部海洋权力美国与西部陆地权力中国之间相互碰撞的边界位置。同时，这个词也表示了一种战略立场，意味着一方面将国家安全这一国家利益托付给予超级军事大国的关系，而另一方面在与经济增长大国的关系中获取国家繁荣这一国家利益。

日本虽然是仅次于中美两个大国的经济大国，但是很明显已经出现了经济的停滞和衰退，是一个相对国力正趋于下降的国家。不仅如此，日本因为战争带来的精神上的桎梏和宪法九条形成的法律、政治上的制约，一直是避免成为军事大国的和平国家。从这个意义上讲，日本在国际社会的权力政治中只能算是“准大国”。

日本这一“准大国”和中美这两个大国共同构成的三角关系将左右亚太地区的稳定，进而影响世界秩序的未来。在谈论日本国家利益的时候，没有比与这两个大国关系更需要重视的关系了。日本应当充分认识到中美日关系的重要性，致力于建立和稳定有益于日本国家利益的三边关系。到目前为止，在中美日构成的三角形中，日美一边最为强固，这与日本国家利益中国家的安全和繁荣息息相关。但是，另一边的中日关系却变得薄弱。在日美对中国的力量抗衡发生变化的情况下，这个三角形又将如何变化呢？中美一边的变化也会对中日这一边产生举足轻重的影响。

另外，遍布世界的同盟网络是把美国推向唯一超级大国的主要原因，而这是中国与俄罗斯所不具备的全球性力量源泉。但特朗普总统并不明白这一道理，他将美国的国家利益置于首位，认为短期的商业利益优先于长期的战略利益，一叶障目，仅仅看到美国一直被它的各个同盟国所利用。奉行“美国第一”的特朗普政治，极有可能罔顾安倍与特朗普的“蜜月期”，动摇日美同盟的可信度。如果说特朗普现象并不是一时的，而是美国政治的结构性变化，那么这一变动也会严重影响到日美关系。日本的政策制定者也许会对帕默斯顿留下的“没有永远的盟友”一笑置之。可是国家的目标是国家利益，并不是同盟关系。同盟只是实现国家利益的手段。如果同盟对实现国家利益毫无裨益，那么同盟自然就会土崩瓦解。在这一点上，帕默斯顿的一番言论可谓揭示了个中真理。但也不能说只有日美同盟是例外。日美同盟的震荡，也会动摇日本乃至亚洲的安全。

国际局势和国内政治风云变幻，日美同盟克服危机，一直延续到今天。但我们现在正面临着前所未有的惊涛骇浪。“只要有日美同盟，日本就会稳如泰山，国家利益就会固若金汤”的神话难道就不会破灭吗？这种疑问和不确定性的四散蔓延也不足为奇，中国的崛起和美国的变质正在现实中发生。当下我们应当追求的是在不背离这一现实的前提下讨论国家利益，展望日本外交。

二、日本外交的选项

“日美同盟至上”还是“亚洲主义”

小泉首相将日美同盟置于优先位置。这种姿态似乎是说，只要坚持日美同盟，那么与包括中国在内的亚洲等国家的关系发展自然水到渠成。2005 年 11 月，在日美首脑会谈结束后的共同记者招待会上，小泉说：“正因为日美关系发展态势良好，与中国、韩国、东南亚等其他各国的友好关系才得以维系。”对此，布什总统回应：“这是正确的想法，我表示赞成。例如从中国的角度来看，正是因为有良好的日美关系，中国也必须一一改善同日本、美国的关系。”

比起日美同盟，鸠山由纪夫首相则更加看重日本与亚洲的关系。在 2009 年 10 月的中日韩领导人会议刚刚开始时，鸠山首相就说道：“迄今为止，日本过于依赖美国了。日美同盟固然很重要，但同时我希望制定出更加重视亚洲的政策。”他提倡建立“东亚共同体”，并呼吁中日韩三国应当成为“东亚共同体”构想的核心。针对鸠山的发言，温家宝总理的脸上浮现出惊讶和困惑的神情，当时目睹这一情景的不止笔者一个人。这种“撇开美国”的共同体论，对美国也产生了不信任感。

美国国家情报委员会发布的“全球趋势 2025”（Global Trends 2025）中指出，在 2025 年之前，日本会因为人口减少或政治变动而被迫进行内政、外交政策上的巨大转换。并提示，是更靠近美国，还是更接近中国，日本将面临只能在二者中择其一的情景。这让人不由得联想起从明治时期开始，日本这一“边境国家”就面临的

“是亚洲还是欧美”的两难困境。

但是，无论是“日美同盟至上”还是“亚洲主义”，对确保日本的安全与繁荣的战略而言都是片面的、不充分的，不应当以二者择其一为前提。但即便如此就认为两者可以共存，也未免太过于乐观。

只要日美同盟就行了吗？

美国正在分析和探讨日本可能作出的选择。日本也不该安然沉迷于日美同盟的“神话”。

战后的自民党政权害怕日本“被抛弃”，为了维持与美国的同盟，日本在贸易问题上作出让步，支持进攻伊拉克，最大限度地追随了美国的立场。日本两次牺牲国家利益，就算放弃国际合作也要坚持日美同盟。这是因为人们普遍认为，这条道路与生死攸关的国家利益，也与维护国家和国民的安全紧密相连。一以贯之，日美同盟一直被视为日本安全保障的根本，是日本外交的基轴。其可信度一旦因特朗普外交而动摇，日本就必须依靠自主防御来确保国家和国民的安全。但是，包括拥有核武器在内的自主防御论，从成本、国际合作、国民情感的角度来看，难以成为现实中的选项。伴随日美同盟关系解除，相关成本会减少，但用于自主防御的成本会随之增加。在有关防御的成本计算中，有必要对两者进行综合的权衡比较。据估算，这项费用可能会达到现在日本一年防卫预算的五倍以上。对于有着巨额国家债务的日本来说，负担用于自我防御的庞大成本完全是不可取的选择。另外，为了拥有核武器，日本就必须要退出《不扩散核武器条约》(NPT)，并作好在国际上被孤立的心理准备。此举意味着作为唯一被原子弹轰炸过的国家，日本抛弃了其一直向往和追求的“没有核武器的世界”的理念和身份，恐怕也会在国际社会引起一系列因拥有核武器带来的连锁反应。这很难成为一种有利于日本国家利益的选择。

如果是这样，就像美国国家情报委员会所指出的那样，我们应当开始讨论日本是否要更接近中国，推进中日合作。

对此，日本不得不问，“只要日美同盟就行了吗”？这一问题开始具有现实的分量。对这个问题符合逻辑的回答便是“日美同盟＋α”。日本的外交战略就在于构思这个“α”。这“α”不能离开中国。

在“日美同盟＋α”框架下，如何在保持与中国适当距离感的同时开展与中国的外交，是我们应追求的另一个重要的战略、战术性思考。

三、“日美同盟＋α”

自由开放的印度太平洋构想

在美国，对中国崛起持否定态度的人成为主流，对中国的警惕性上升。特朗普政府将中国正式定位为“修正主义国家，试图塑造一个与美国国家利益和价值观针锋相对的世界”。它不仅关乎中美两个大国的国家利益，同样也是一场围绕价值观展开的较量。

日美同盟既是“利益同盟”，又是“价值同盟”。日美同盟之所以能维系超过半个多世纪，因为它超越了单纯地随着国家利益变化就改变结盟对象的帕默斯顿式的同盟论，日美同盟在国家和国民之间分享着共同的价值观。

尝试之一，就是“自由开放的印度太平洋构想”[1]。安倍首相于2016年在东京举行的非洲发展国际会议（TICAD）上发表了这一战略，他认识到亚洲和非洲这“两个大陆”与太平洋和印度洋这“两个大洋”之间的联系交往是维持国际社会安定与繁荣的关键。这一战略的核心支点包括维护“航行自由”等法治原则、采取从提高海上执法能力，到防灾、不扩散等安全措施、推动符合国际标准的高质量基础设施建设，通过改善地区间的互联互通促进经济繁荣。这是基于“安全”、“繁荣”、“价值（自由主义秩序）”等日本国家利益的综合性战略，也是在强大的中国可能替代美国，以新国际秩序塑造者的身份登场这一背景下的全球战略。

但是，如果缺乏与美国的合作，那么其战略效应最终一定是受限的。因此，有必要根据日本ODA和专业技术经验，以日美为中心，通过援助发展中国家的形式，严肃审慎地推进具体的项目。这是为了不使“自由开放的印度太平洋构想”仅仅停留在外交修辞上，也是向发展中国家展示其与“一带一路”差异上的重要举措。

值得留意的另一个问题是，“一带一路”与促进日本繁荣的关系。随着亚洲各国与中国的经济相互依存程度加深，大家都在中国那里找到了“繁荣”这一国家利益，日本也不例外。“自由开放的印度太平洋构想”，最初源于第一届安倍政府以“自由与繁荣之弧”为代表的“价值观外交”。如果日本要强制形成在“价值（正义）还是利益（金钱）”中二选一的阵营，与中国进行对立或者对抗的话，不仅中国会加强警惕，亚洲其他各国也会对日本表示不满。实际上，笔者在出席与东盟国家学者的会议中，部分学者即表示了对“脱离亚洲”等类似表述的担忧，以及对“价值观外交”的怀疑和反对。因此，我们必须明确表明这一战略并不是排他性的，而是“开放的”构想。在谈论战略的时候，也要有策略意识。

从这一意义上讲，日本参与中国倡议的“一带一路”是很有必要的。“一带一路”体现出欲成为下一个规则制定者的中国的雄心和挑战。为使未来的国际秩序符合“自由、开放、法治”的原则，日本不应袖手旁观，而是应该作为自由主义国家主动“参与”，发挥应有的作用。亚洲基础设施投资银行（AIIB）也是如此，在顾虑到与美国的关系的同时，日本也应当运用日本的经验和技能讨论“参与”的问题。

这样，在“日美同盟＋α”框架下，如何在保持与中国适当距离感的同时开展与中国的外交是我们应追求的另一个重要的战略、战术性思考。

而这一问题的核心要义便是如何经营中日关系。在坚持日美同盟的同时，我们看到了一个在亚洲有着压倒性力量、保持着追赶美国势头的中国。如果不能妥善经营好与中国的关系，那么“边境国家”日本的安全与繁荣，还有维护自由主义国际秩序的国家利益都将难以保证。

伴随着全球化、信息化的浪潮，灵活的看法和多样化的价值观在中国国内广为传播，社会实实在在地发生着变化，但变化的方向仍是一个未知数。同样我们也应当注意到，随着民族主义情绪的高涨和过度的自信，中国的外交姿态也发生了相应的改变。另外，也应该注意到，日本社会的高质量也潜移默化地影响了访日中国人的对日观。对中国来说，对日关系是敏感的问题，历史、领土等问题都很容易导致中日关系的恶化。如何继续保持中日关系的稳定，一直是日本外交中最棘手的难题。基于这样的问题意识，我想试着思考一下“中日关系的经营”问题。

四、“经营中日关系”的难度和重要性

对话的必要性

虽然在中日间力量对比和国民感情的变化中，两国关系曾多次出现过对立和紧张的局面，但每逢此时，两国政府都会努力摸索改善关系的途径。为了改善小泉政权下两国间恶化的、停滞不前的关系，安倍首相就任后第一个访问的国家就是中国，并在参拜靖国神社这一问题上保持克制；福田康夫首相在四川大地震后向中国提供了援助，并出席北京奥运会，在诸多问题上努力贴近中国国民的感情；胡锦涛、温家宝的访日也给日本留下了深刻的印象。这些外交行为都是基于中日关系的改善符合本国国家利益这一基本认识。

但是以2008年为界，寒暖流的走向发生了变化。在欧美和日本，随着北京举办奥运会的成功、世界金融危机后的中国经济高速增长，中国在增强自信心的同时，民族主义也日渐高涨。在这一背景下，认为中国正转变为“权力外交”的声音也甚嚣尘上。从2010年中国GDP赶超日本，钓鱼岛海域中国渔船与日本海上保安厅巡逻船发生冲突的时候开始，两国改善关系的意愿渐行渐远，而2012年的钓鱼岛“国有化”事件发生后，两国关系被固化在交恶

的状态。在钓鱼岛附近，中国政府执法船等活动非常活跃，日本自卫队针对中国军机的紧急应对次数也在激增。中日两国大约有七成的人认为对方国家构成“军事威胁”，与邻国的关系也充斥着紧张感。

中国的力量持续增强，日本停滞不前，两国之间差距的不断扩大也在意料之中。因此，无论如何都应该至少在最低限度确保日本生死攸关的国家利益，维护国家、国民的安全。为了避免中国力量的运用以与日本敌对的形式出现，应将中日关系置于适度稳定的基础上。为此，两国之间的对话不可或缺。与邻国之间建立信赖关系，促成相互理解的重要性不言而喻，包括两国首脑互访、高级别战略对话在内，有必要在各个层次和领域加强对话，灵活应对。

在日本，“中国崩溃论”依然很有市场。根据美国皮尤研究中心（Pew Research Center）的调查，欧美等国认为中国在经济上正赶超美国的人大有人在，但在日本却微乎其微。日本人对中国也缺乏亲切感。在对中感情上流于愿望思维在国家利益论上是有害的。在持续变化的中国市场中抓住商机，应当成为日本企业所必需的觉悟和战略。

如今，中国是日本最大的贸易伙伴，海外日本企业中的近半数（32 000 家）集中在中国，是日本在美企业数的四倍以上。这对于日本的经济成长来说不可忽视，也关系到在留日本人的安全以及对日本企业的投资保护。笔者在上海工作时对此深有感触。

中国是“政治大国”。政治的影响一直延伸至包括经济在内的所有领域。作为政经不可能分离的国家，日本也应该表现出国家的存在感。对日本政府来说，为了日本企业贸易、投资活动的顺利进行，要全力以赴推进知识产权保护、国有企业采购内外无差别化等问题的解决。笔者曾担任“中日高层经济对话”事务负责人，在筹备阶段听取日本企业的心声，它们的具体要求在部长级磋商中发挥了相当的作用，但在此之后由于两国间关系的恶化，对话没能继续召开。2018 年 4 月，时隔 8 年该对话再次启动。我认为，这种务实协商的积累是至关重要的。

在均势转换期，崛起国家的国家利益与力量对既有国际规范和秩序构成了威胁，作为权力政治代表的现实主义一时得势。这种趋势因为新威权主义的强烈攻势和西方民主主义的萎靡不振、势力衰退而加大了气焰。中国的“奋发有为”也越来越引人注目。以日美为中心的自由主义国家，不仅应当表现出坚决维护“法治”等价值的姿态，同时也要面对中国，通过参与“一带一路”促进开展符合国际规则的行动。

从经济、环境领域到朝鲜半岛“无核化”问题，需要中日两国携手应对的课题不胜枚举。与美国合作的战略性参与依然重要。在发挥中国建设性的作用方面，笔者参与建立的中日韩峰会也是一个有效的平台。通过将中日关系放置在多边框架内，可以将两国之间多年未解的悬案先搁置一旁，三国为努力解决共同的问题而进行对话与合作。着眼于面向未来的双赢，对华合作还有助于改善国民情绪。

如果没有中日关系的适度稳定，亚洲就不可能有持续的和平。尽管缓和中日之间的不信任和对抗，构建稳定的关系并非一蹴而就，但最重要的是，要从日本的安全和繁荣这一国家利益以及亚洲的稳定与繁荣这一国际利益的视角出发，明确传达出改善关系的意愿，为寻找中日关系新的平衡点而不懈努力。

中日关系的改善

2018年时值《中日和平友好条约》缔结40周年，中日关系在这一年得到显著改善。李克强总理于5月正式访问日本，这是中国总理时隔8年后正式访问日本。安倍晋三10月对中国的访问也是日本首相在时隔7年后的正式访华。在安倍访华得以成行之后，两国政府确认中日关系回到正轨。

两国关系改善的背后发挥作用的是安倍首相对“一带一路”倡议态度的变化。在2017年5月“一带一路”高峰论坛召开之际，安倍派遣心腹自民党干事长二阶俊博出席。在6月举行的“亚洲未来”国际学术研讨会上，安倍如此评价“一带一路”：“‘一带一路’横亘东西两洋，连接了不同的区域，具有潜在可能性。如果该构想能够充分考虑国际社会的共识，并致力于在环太平洋地区塑造自由且公正的经济圈的话，那么该构想在地区乃至世界和平与繁荣进程中的作用值得期待。基于上述观点，日本愿意提供必要的协作。”

考虑到安倍态度的变化以及中日关系缓和的整体环境，中日韩领导人峰会以及李克强总理的访日计划顺利实现，安倍首相的访华计划自然也是水到渠成。

安倍在2018年10月访华时指出，中日关系从“竞争走向协调”，彼此之间是“合作伙伴关系，不相互威胁对方”。习近平主席也指出，中日双方应该正确看待彼此的发展以及战略意图，避免误判。透过两国领导人的发言可以确定的一点是，中日两国在“增强互信、减少误判”的问题上已经建立了政治共识，接下来如何增加政治互信并深化发展两国关系则有赖于两国的政治实践。

安倍首相在2019年1月的施政演说中对中日关系总结如下：

> “通过去年秋天对中国的访问，日中关系已经完全回到正常的轨道。在国际标准规范下两国关系从竞争走向协调，彼此

之间不构成威胁，同时两国都致力于发展自由公正的贸易体制。如上这三个原则是我跟习近平主席之间确立的，此外，我们也一致同意加强领导人之间的互访，加强政治、经济、文化、体育、青少年等各个领域、各个层面的友好交流，并将日中关系发展到更高阶段。"

日中关系虽然呈现出改善的一面，但是中美关系从贸易到安全领域都进入战略竞争时代。同时，中美关系会影响到日中关系的发展。对日美而言，日美同盟目前是日本外交牢不可破的基轴，但日本也尽可能避免因中美关系恶化而给日中关系带来负面影响。中美关系的恶化并不仅仅体现在贸易领域，中美两国的对立涉及未来经济霸权的争夺、军事安全领域的对立等各个层面，两国关系的改善尚需时日。近一段时期以来，华盛顿对北京的警惕感上升即是明证。日本介于中美两国大国中间，必须时刻洞察中美关系的动向并制定明智的外交政策。例如，如何处理日本与美国倡议的"自由且开放的印太战略"与中国的"一带一路"倡议，就是一个值得日本外交思考的问题。两者的直接对决对日本而言是不足取的，需要柔性的外交政策来应对。

首先需要讨论的是日本如何应对中国的"一带一路"倡议。习近平主席主张共建“一带一路”为中日两国深化合作提供新的平台，中国也欢迎日本积极考虑加入“一带一路”建设事宜。李克强总理也强调，中国欢迎日本在“一带一路”框架下加强双方在第三方市场的合作。对此，安倍首相在北京举行的中日第三方市场合作论坛中并没有使用“一带一路”这一表述，而是呼吁中日两国基于国际标准进行合作，同时致力于让第三方也能获得实际利益的多方共赢合作方式。此处所谓的国际标准，即“开放性、透明性、经济性以及对象国的财政健全性”。对此，即使是“一带一路”建设的项目，只要条件符合安倍所言的“国际标准”，日本也不排除积极合作的可能性。总的来说，日本尽可能避开战略性以及政治性的诉求，从具体的工程项目着手有效化解与“一带一路”倡议的直接对冲，尽量不制造“一带一路”与“印太构想”相对立的格局。

基于上述考虑，安倍在 2019 年 1 月的施政演说中也表现了相当的柔软性。其中值得注意的是，一年前施政演说中所使用的“自由且开放的印度太平洋战略”中的“战略”一词没有出现，这是安倍充分考虑中国反应之后的结果。另外，针对亚投行，安倍在 2018 年 5 月的发言也耐人寻味，他指出“只要化解掉疑问也会积极考虑”，在美国等同盟国拒绝参加亚投行的背景下，安倍的发言可谓是经过慎重考虑之后向中国释放的最大限度积极信号。

不容否认的是，中美贸易战确实给中国经济带来了消极影响，对于中国而言，中日经济关系的重要性愈发突出。安倍首相访华期间与中国在政治、安全领域达成了若干共识，这固然重要，同样不能忽视的是中日两国基于双赢的逻辑在经济合作领域取得的重要成果。经贸关系是中日关系的压舱石，对两国关系的良性发展十分重要。基于此，习近平主席未来正式访日，我认为两国关系会得到进一步的巩固和发展。

五、以“开放的国家利益”为目标

日本通过日美同盟确保了国家和国民的安全。同时，日本是世界上唯一被原子弹轰炸过的国家，拥有一种特殊的使命感，加上世界独一无二的和平宪法理念的指引，日本虽然成为了经济大国却并未发展为军事大国。作为 ODA 大国，日本在解决发展中国家贫困、医疗、教育等领域提供了高质量的援助。战后日本的发展历程，说明日本是一个兼具现实主义和理想主义的独特国家。

进入 21 世纪，支撑自由主义国际秩序的美国呈现颓势，中国替代美国的角色，以新的势头摸索建立新秩序，日本也开始走向“正常国家”。继解禁集体自卫权后，宪法第九条的修改也进入了视野。

从理想主义者的角度看，宪法第九条是日本应该向世界展示的“理念灯塔”，是人类应该追求的理想，也是强化日本道义立场的理论。

从现实主义者的角度看，试图通过“信赖热爱和平的国民的公正和信义”来确保国家安全的日本宪法过于天真。现实主义者一定会辩驳道，维持日本和平与安全靠的从来都不是《日本国宪法》，而是《日美安全保障条约》。

宪法和日美安保条约的并存与紧张的关系，给日本的国家利益外交也蒙上了一层阴影。为了务实推进一个“没有核武器的世界”，日本每年都向联合国大会提交废除核武器的议案，该决议案有可能成为所有国家核裁军的基础。这一方面是在美国扩大核威慑（核保护伞）下确保国家和国民安全这一生死攸关的国家利益，另一方面它也象征着以广泛的国民支持为背景，追求实现“无核世界”的世界利益的外交。对于这种外交，笔者将其评价为包含了现实和理想间矛盾的日本特有的折中主义，是一种“算计的现实理想主义”。

但是，对于获得诺贝尔和平奖的“国际废除核武器运动”（ICAN）组织所推进的《禁止核武器条约》，日本却投了反对票（并不是弃权），这让原子弹爆炸的受害者以及其他相关人士感到非常失望。日本怀揣着废除核武器这一理想目标的同时，如何应对朝鲜核武器的现实威胁？不知道这是折中主义“算计”的极限？还是日本在面临两者择其一时选择困难症的表现？总之，这让我们再次认识到平衡国家利益和国际利益、世界利益的共存并不是件易事。也就是说，我们只有在《核不扩散条约》体制下推进拥核国的核裁军，为核不扩散而努力，坚持不懈地致力于废除核武器。

在有关集体自卫权的讨论中，还出现了“宪法不能保护国家”的论调。确实，如果国家灭亡，宪法什么的毫无意义，这个道理显而易见，国民也很容易理解。但是，宪法本身就是国家身份的象征，保卫国家就是保护宪法。假如“宪法不能保护国家”的争论产生轻视宪法的氛围，那么谈论国家安全保障之前“国家的存在方式”是不合时宜的，就算不联想到战前的日本，这也是很危险的。但问题在于，即使日本的“和平宪法”宣示了不会发动战争，但并不能保障日本的和平与安全。在日本宪法所期待的世界秩序未能实现的情况下，日本只能依靠日美同盟来谋求和平与安全。我们应该如何处理这一现实和宪法（特别是第九条）的关系？直到今日，这一问题仍未解决。这种不正常的关系也体现出日本特有的理想主义和现实主义不可思议的共存。

但是，随着朝鲜核试验、导弹试射等挑衅行为的日常化，国民对安全保障的意识发生了变化。被戏谑为“神学争论”的国会安保之争也带有现实主义色彩。

修宪讨论的方向不应该从现实主义和理想主义的对立来理解。我所期望的，是对作为国家最高法规宪法的崇敬以及对民主的信任感能够广泛地被国民所共享，同时国民对安全保障的意识和理解得到进一步提高，通过这一双轨并行的途径来推进修宪议程。其前提是，宪法所赋予的国民主权在每天的政治生活中得以确认。在内政和外交一体化的今天，这不仅是政治家的责任，还事关支持民主的国民的自觉。通过讨论兼具现实主义和理想主义的“开放的国家利益”，我们看到了问题的答案。

日本“开放的国家利益”外交

有批评的声音说，战后日本将国际合作放在首位，不重视国家利益。但是，国际合作与国家利益并不是相对立的概念。国际合作是实现国家利益外交的基本方针。国际合作的真谛在于与谁进行合作。吸取了退出联合国、与欧美对立、侵略亚洲的历史教训，战后日本提出“外交三原则”，在联合国、以美国为主导的自由主义国家、亚洲三个领域上，努力通过国际合作以确保国家利益。本国有本国的国家利益，他国也有他国的国家利益，国际社会也存在共同利益，基于这样的认识前提，通过相互间的协调来实现本国国家利益，这就是所谓的“开放的国家利益”外交。

但是，多种利益和价值交织在一起的联合国与亚洲的合作，并不像共享利益和价值的自由主义国家合作那样明确，且没有一贯性。由此可见，在“外交三原则”中，“合作”一词只在与自由主义各国之间使用。其核心就是日美同盟。在事关生死存亡的国家利益时，“国际合作”被纳入了“日美合作”之中。

然而，现在国际社会的力量均衡发生了变化，“美国第一”的原则动摇了自由主义国际秩序，自由主义国家之间的合作也出现了裂痕。日美同盟会坚如磐石吗？在不透明感不断增加的情况下，即使日美同盟得以维持，也不足以应对当前国际秩序的剧烈变动。现在讨论“日美同盟＋α”战略，并果断地推进“α”外交的时机已到。毫无疑问，这个“α”最关键的就是中国。

对于日本而言，有必要在吸收中国经济活力的同时，为使中国影响力增强下的地区秩序遵循“自由、开放、以法治为基础”的原则，构思和稳步推进“α”战略。TPP 本应该是这一问题的核心，但美国退出 TPP 是日本万万没想到的，可谓重大失策。对于日本来说，只能努力维持 CPTPP 内部成员的团结，翘首以盼着特朗普之后美国的重新回归。与此同时，还要积极发挥“一带一路”和区域全面经济伙伴关系协定（RCEP）的作用。

今天的中日关系是多方面的复杂关系。不是只要高唱“中日友好”就可一蹴而就，靠“亚洲主义”等情绪的凝聚也不切实际。有必要调整和共享相互之间的国家利益，全力做好外交工作。如何稳定深受中美关系影响的中日关系？我们应当以首脑互访为先，丰富和深化在所有领域的人文交流，增进和加强公共外交，促进十四亿中国人对日本的了解。日本旅游业的推广拥有巨大的附加效应，它不仅是一个目标，还需要战略对策，包括一个接受的姿态。

自由主义国际秩序被“权力的逻辑”和排外的民族主义所动摇，无论是在日本还是在世界范围内，自由主义者的声音都在式微。正是在这样的时代背景下，笔者希望“开放的国家利益”能够成为日本外交的思想基础。

日本应当以谦卑的姿态面对战争历史，同时作为道义上的领袖，以面向未来的大义和价值为准则行事。日本是成熟的民主国家，是遵循自由、民主、人权、法治等普世价值的自由主义社会，始终致力于解决贫困和发展问题，是得到发展中国家高度评价的 ODA 大国，是以实现无核世界为目标的和平国度。日本可以成为亚洲乃至世界的榜样。如果国际社会可以取得更加广泛的共识，那么中国、韩国对历史问题的执着也会相对化。笔者真心希望“开放的国家利益”外交能够成为亚洲走向和平与繁荣的里程碑，为日本再度带来辉煌。

注释

1. 关于“印度太平洋构想（vision）”，在2018年5月举行的东盟地区论坛（ARF）上，东盟各国对“印度太平洋战略（strategy）”中的“战略”一词反应消极，因此将其修改为“构想”。2018年11月，在日本与马来西亚的首脑会谈上，安倍首相采用的是“印度太平洋构想（vision）”这一表述。

后　记

写在中文版出版之际

正如在本书中所述，本国有本国的国家利益，他国有他国的国家利益，在国际社会中也存在着共同的利益。所谓外交就是主权国家为追求本国的国家利益，通过谈判等和平方式实现国家对外政策目标的行动和过程。随着外交的日积月累，国际秩序逐渐成形。

而居于中心地位的则是世界大国。当下，世界两个大国中国和美国的关系对国际秩序起到了决定性的影响。本书就是在这样的问题意识下讨论大国关系，并对其中日本的国家利益选择做出了笔者的思考。

这也就是将此书命名为《日本的选择》的理由所在。

在国家利益优先的时代，有关中美战略竞争的论调不绝于耳，这让我们很难捕捉到一个和平、繁荣的新世界秩序的雏形。在不确定性和风险都不断攀升的今天，日本应该如何面对中美两个大国？如何面对这个世界呢？“开放的国家利益”同日本的和平与繁荣有着须臾不可分离的关系。无论世界将如何改变，这一看法始终无懈可击。2007 年，我在中国出版了《日本走向何方》一书。从“开放的国家利益”这一观点出发，阐述了中日关系，引起了很大的反响。在这之后过了 10 多年，中日之间的力量平衡发生了戏剧性的变化，中美关系也在持续变动之中。现在是重新审视三个国家的变化，展望未来的时候了。

国际秩序是权力体系，也是价值体系。日本社会一直既维系传统价值，又维系着普遍价值，因此在外交中也蕴含着这样的价值理念。为了和平、富饶的世界以及人类的未来，日本应该发挥的作用依旧不容小觑。为此，恢复经济活力是题中的应有之义。好在日本政治、社会的稳定有着其他欧美发达国家无可比拟的优势。因此，日本必须充分运用这一优势，致力于创造新的价值，积极投身到国际社会中去。

都说中国是政治之国，日本是经济之国。但是，现在的中国已然是活力四射的经济之国了。日本虽然成熟了经济，却丧失了活力。对于现在的日本，成为政治之国变得非常必要。正是因为有这样的国内政治环境，才会有与之相称的国家外交。但遗憾的是，就算是在日本最高学府东京大学任教的时候，我几乎也很少遇到胸怀政念能够与之交流探讨的学生。在有关下任首相的舆论调查中，“没有什么合适的候选人”的回答占据了相当一部分，从中不难看出日本政治的贫困。在世界处于重大变革期的今天，不能只把国家政治、外交全部寄希望于政治家，提高国民参与讨论的积极性也至关重要。笔者也正是怀揣着这样一份心情提笔写下这本书，由衷希望能对邻国中国的读者朋友们有一定的参考价值。

笔者有幸得到了来自各方人士的指导，特别是从已故的德岛同乡、我尊敬的老前辈后藤田正晴先生（曾任中曾根康弘时期日本内阁官房长官、日中友好会馆会长）那里，学习到有关政治、外交以及人生的很多道理。先生一直挂心日本的未来走向。关于外交，先生经常说，不能仅仅满足于日美同盟，必须进一步深入思考日本与中国的关系。

在讨论日本的国家利益时，中美两个大国的关系至关重要。中国或美国如果出现了新动向，那么日本也需要应时应势在外交策略中作出改变。中美两个大国会如何变化？国际秩序会如何变化？日本又该作出怎样的改变？笔者本人的观察和思索已经都融合在这本书中了。在国际政治中，没有能够让所有人都认可的标准答案。像我这样有着外交实务经验的学者所能做的，就是整理出这些问题，在推进政策的制定和沟通上提供明确的依据作为前提。本书所作论述，可能迥异于中国给出的答案，也可能会产生些许违和感。但正因如此，如果能够对于增进中日两国的相互理解有哪怕一丝一毫的帮助，我也将不胜荣幸。

最后要说的是，复旦大学国际问题研究院王广涛博士以及国际关系与公共事务学院丛琬晶同学为翻译本书付出了艰辛劳动；上海人民出版社编辑王冲女士全程负责了本书的版权、编辑以及出版各项事宜，在此一并感谢！

书于 2019 年盛夏

绿树成荫，凉风习习

小原雅博

参考文献

以下为主要参考文献，政府以及国际组织等官方报告已在文中标明，此处从略。

スピノザ『国家論』(畠中尚志訳)岩波文庫、一九四〇年

トゥキュディデス『戦史』(久保正彰訳)岩波文庫、一九九七年

プラトン『国家　上』(藤沢令夫訳)岩波文庫、一九七九年

ホッブズ『リヴァイアサン　1・2』(水田洋訳)岩波文庫、一九九二年

マキアヴェッリ『君主論』(河島英昭訳)岩波文庫、一九九八年

メッテルニヒ『メッテルニヒの回想録』(安斎和雄監訳)恒文社、一九九四年

ルソー『社会契約論』(井上幸治訳)中公文庫、一九七四年

ロック『市民政府論』(鵜飼信成訳)岩波文庫、一九六八年

ヘドリー・ブル『国際社会論　アナーキカル・ソサイエティ』(臼杵英一訳)岩波書店、二〇〇〇年

E.H. カー『危機の二十年』(原彬久訳)岩波文庫、二〇一一年

W.S. チャーチル『第二次世界大戦 1 ~ 4 (新装版)』(佐藤亮一訳)河出文庫、二〇〇一年

ロバート・D・エルドリッヂ『尖閣問題の起源』(吉田真吾・中島琢磨訳)名古屋大学出版会、二〇一五年

フランシス・フクヤマ『歴史の終わり　上・下』(渡部昇一訳)三笠書房、一九九二年

ジョセフ・フランケル『国益』(河合秀和訳)福村出版、一九七三年

習近平『習近平国政運営を語る』外文出版社、二〇一四年

ジョージ・F・ケナン『ジョージ・F・ケナン回顧録Ⅰ～Ⅲ』(清水俊雄・奥畑稔訳)中公文庫、二〇一六、二〇一七年

ジョージ・F・ケナン『アメリカ外交50年』(近藤晋一・飯田藤次・有賀貞訳)岩波現代文庫、二〇〇〇年

ポール・ケネディ『大国の興亡』(鈴木主税訳)草思社、一九九三年

ロバート・ケネディ『13日間——キューバ危機回顧録(改版)』(毎日新聞社外信部訳)中公文庫、二〇一四年

リー・クアン・ユー『リー・クアン・ユー回顧録　上・下』(小牧利寿訳)日本経済新聞社、二〇〇〇年

ウォルター・リップマン『世論』(掛川トミ子訳)岩波文庫、一九八七年

ロバート・マクナマラ『果てしなき論争』(仲晃訳)共同通信社、二〇〇三年

フリードリヒ・マイネッケ『近代史における国家理性の理念1・2』(岸田達也訳)中公クラシックス、二〇一六年

ハンス・モーゲンソー『国際政治　上・中・下』(原彬久監訳)

岩波文庫、二〇一三年

アンドニオ・ネグリ、マイケル・ハート『帝国——グローバル化の世界秩序とマルチチュードの可能性』(水嶋一憲・酒井隆史・浜邦彦・吉田俊実訳)以文社、二〇〇三年

ハロルド・ニコルソン『外交』(斎藤真・深谷満雄訳)東京大学出版会、一九六八年

ジョセフ・S・ナイ『ソフト・パワー』(山岡洋一訳)日本経済新聞社、二〇〇四年

バーバラ・タックマン『八月の砲声　上・下』(山室まりや訳)ちくま学芸文庫、二〇〇四年

A・V・トルクノフ『朝鮮戦争の謎と真実』(下斗米伸夫・金成浩訳)草思社、二〇〇一年

Trump. D., Grippled America: How to Make America Great Again, Threshold Editions, 2015

Trump. D., The Art of the Deal, Arrow, 2016

栗山尚一『戦後日本外交』岩波現代全書、二〇一六年

小原雅博「中国大国外交の『硬』と『軟』」『外交』Vo1.47、二〇一八年一月

小原雅博「国益とは何か」『中央公論』、二〇一七年五月

小原雅博「『偉大な米国』の衰退と二つの危機」『外交』Vo1.42、二〇一七年三月

小原雅博『国益と外交』日本経済新聞出版社、二〇〇七年

小原雅博『東アジア共同体』日本経済新聞出版社、二〇〇五年

小原雅博『「境界」国家論』時事通信出版局、二〇一二年
竹内好、丸川哲史・鈴木將久编『竹内好セレクションⅡ　アジアへの/からのまなざし』日本経済評論社、二〇〇六年

半藤一利『昭和史』平凡社ライブラリー、二〇〇四年
陸奥宗光『蹇蹇録』中公クラシックス、二〇一五年
山田朗『軍備拡張の近代史』吉川弘文館、一九九七年
吉田茂『回想十年　上・中・下』中公文庫、二〇一四年、五年
吉田茂『日本を決定した百年』中公文庫、一九九九年

歴史学研究会編『世界史史料 11　20 世紀の世界Ⅱ』岩波書店、二〇一二年
歴史学研究会編『世界史史料 12　21 世紀の世界へ日本と世界　16 世紀以後』岩波書店、二〇一三年

图书在版编目(CIP)数据

日本的选择/(日)小原雅博著;王广涛,丛琬晶译.—上海:上海人民出版社,2019
ISBN 978-7-208-16015-6

Ⅰ.①日… Ⅱ.①小… ②王… ③丛… Ⅲ.①政治-研究-日本 Ⅳ.①D731.3

中国版本图书馆CIP数据核字(2019)第189241号

责任编辑 王 冲
封面设计 零创意文化

日本的选择
[日]小原雅博 著
王广涛 丛琬晶 译

出　　版 上海人民出版社
(200001 上海福建中路193号)
发　　行 上海人民出版社发行中心
印　　刷 常熟市新骅印刷有限公司
开　　本 635×965 1/16
印　　张 14.25
插　　页 4
字　　数 123,000
版　　次 2019年9月第1版
印　　次 2019年9月第1次印刷
ISBN 978-7-208-16015-6/D·3470
定　　价 52.00元

日本の国益

Copyright ©小原雅博2018

Chinese（Simplified Characters only）Tracle Paper

Copyright © 2019 by Shanghai People's Publishing House

All rights reserved. No part of this book may be reproduced or transmitted in any form or by any means，electronic or mechanical，including photocopying，recording or any information storage and retrieval system，without permission in writing from the Publisher.

未经出版者书面许可，不得以任何形式复制或者抄袭本书的任何部分。